教育系统学习型党组织建设参考读本

重大教育政策要点摘编及综述2018

中国教育科学研究院 编著

教育科学出版社
·北京·

目录

CONTENTS

编写说明

1. 《重大教育政策要点摘编及综述2018》是 2010—2017 年的续编，除了以往的重大教育政策要点摘编外，还新增了政策综述的内容。

2. 此次编辑的一级标题共分为十个类别，与 2017 年的九个类别相比，减少语言文字、对外交流两个类别，增加民办教育、教育经费、其他三个类别。共设有综合政策、基础教育、职业教育与继续教育、高等教育、民办教育、体育卫生与艺术教育、招生考试、教师队伍、教育经费、其他十个部分的内容。

3. 政策要点严格按照文件原文摘录，与原文保持一致。为了保证所摘编的政策要点的完整性，编者在部分条目括注了说明性的文字，便于读者理解。编者所添加的文字，都用脚注的形式加以注明。

4. 附录部分罗列了 2018 年重要教育政策文件目录，以便读者查阅。

一、综合政策

工作目标。到 2020 年，"三区三州"等深度贫困地区教育总体发展水平显著提升，实现建档立卡贫困人口教育基本公共服务全覆盖。保障各教育阶段建档立卡学生从入学到毕业的全程全部资助，保障贫困家庭孩子都可以上学，不让一个学生因家庭经济困难而失学。更多建档立卡贫困学生接受更好更高层次教育，都有机会通过职业教育、高等教育或职业培训实现家庭脱贫，教育服务区域经济社会发展和脱贫攻坚的能力显著增强。

因地因人施策，对贫困家庭子女、

留守儿童、残疾儿童等特殊困难儿童接受义务教育实施全过程帮扶和管理，防止适龄儿童少年失学辍学。

鼓励在"三区三州"实施"幼有所育"计划，大力发展公办园，支持每个乡镇至少办好一所公办中心幼儿园，大村独立建园，小村联合办园或设分园，完善农村学前教育服务网络，帮助农村贫困家庭幼儿就近接受学前教育，解放农村劳动力。

教育基础薄弱县普通高中建设项目、普通高中改造计划、现代职业教育质量提升计划、职业教育产教融合工程等优先支持"三区三州"扩大教育资源，改善办学条件，保障建档立卡贫困家庭学生接受高中阶段教育的机会。

加快发展职业教育。省级统筹职业教育资金，支持"三区三州"每个地级市（州、盟）建设好一所中等职业学校。在"三区三州"率先实施职业教育东西协作行动计划，建立工作协调机制和管理平台，全面落实东西职业院校协作全覆盖行动、东西协作中职招生兜底行动、职业院校参与东西劳务协作等三大任务。为就读职业学校的"三区三州"贫困家庭学生，开辟招生绿色通道，优先招生，优先选择专业，优先安排在校企合作程度较深的订单定向培训班或企业冠名班，优先落实助学政策，优先安排实习，优先推荐就业。

加大边远贫困地区、边疆民族地区和革命老区人才支持计划教师专项计划倾斜力度，优先向"三区三州"选派急需的优秀支教教师，缓解"三区三州"师资紧缺、优秀教师不足的矛盾，提高当地学校教育教学水平。

各相关省份要按照"尽力而为、量力而行"的原则，审慎开展四省藏区及三州的免费教育政策。

——以上见《教育部　国务院扶贫办关于印发〈深度贫困地区教育脱贫攻坚实施方案（2018—2020年）〉的通知》（教发〔2018〕1号），2018年1月15日构建完善国家安全教育内容体系。

小学生应了解国家安全基本常识，增强爱国主义情感；中学生应掌握国家安全基础知识，增强国家安全意识；大学生应接受国家安全系统化学习训练，增强维护国家安全的责任感和能力。

研究开发国家安全教育教材。

推动国家安全学学科建设。设立国家安全学一级学科。

改进国家安全教育教学活动。

推进国家安全教育实践基地建设。

丰富国家安全教育资源。

加强国家安全教育师资队伍建设。

学校在教师招聘环节要加强对国家安全知识和责任意识的考核。

在各级教师培训计划中增加国家安全教育教学培训内容。

建立健全国家安全教育教学评价机制。

把教师开展国家安全教育工作的表

现纳入绩效考核，作为职称晋升和评优的重要参考。把学生参与国家安全教育活动及相关课程学习情况纳入综合素质档案，作为评优评先等重要参考。

——以上见《教育部关于加强大中小学国家安全教育的实施意见》（教思政〔2018〕1号），2018年4月9日

到2022年基本实现"三全两高一大"的发展目标，即教学应用覆盖全体教师、学习应用覆盖全体适龄学生、数字校园建设覆盖全体学校，信息化应用水平和师生信息素养普遍提高，建成"互联网+教育"大平台。

实施行动。

（一）数字资源服务普及行动。

（二）网络学习空间覆盖行动。

（三）网络扶智工程攻坚行动。

（四）教育治理能力优化行动。

（五）百区千校万课引领行动。

（六）数字校园规范建设行动。

（七）智慧教育创新发展行动。

（八）信息素养全面提升行动。

——以上见《教育部关于印发〈教育信息化 2.0 行动计划〉的通知》（教技〔2018〕6 号），2018 年 4 月 13 日

按照"中央引导、地方实施，统筹规划、整体安排，因地制宜、注重实效"的原则，从 2018 年起，面向社会公开招募一批优秀退休校长、教研员、特级教师、高级教师等到农村义务教育学校讲学，发挥优秀退休教师引领示范作用，为农村学校提供智力支持，帮助提升农村学校教学水平和育人管理能力，缓解农村学校优秀师资总量不足和结构不合理等矛盾，促进城乡义务教育均衡发展。

2018—2020 年，计划招募 10000 名讲学教师。

申请银龄讲学计划的退休教师以校长、教研员、特级教师、骨干教师为主。年龄一般在 65（含）岁以下。

讲学教师服务时间原则上不少于 1 学年，鼓励考核合格的连续讲学。各受援县教育局与拟招募讲学教师签订银龄讲学服务协议，协议一年一签，明确双方的权利和义务，正式签约前，讲学教师需提供近六个月体检报告。

讲学教师服务期间人事关系、现享受的退休待遇不变。

讲学教师工作经费由中央财政和地方财政按照年人均 2 万元标准共同分担，其中：西部省份由中央财政负担；中部省份由省级财政和中央财政按 1：1 比例分担；东部省份由省级财政自行负担。

——以上见《教育部　财政部关于印发〈银龄讲学计划实施方案〉的通知》（教师〔2018〕7 号），2018 年 7 月 4 日

优先发展农村教育事业。

统筹规划布局农村基础教育学校，保障学生就近享有有质量的教育。科学推进义务教育公办学校标准化建设，全

面改善贫困地区义务教育薄弱学校基本办学条件，加强寄宿制学校建设，提升乡村教育质量，实现县域校际资源均衡配置。发展农村学前教育，每个乡镇至少办好1所公办中心幼儿园，完善县乡村学前教育公共服务网络。继续实施特殊教育提升计划。科学稳妥推行民族地区乡村中小学双语教育，坚定不移推行国家通用语言文字教育。实施高中阶段教育普及攻坚计划，提高高中阶段教育普及水平。大力发展面向农村的职业教育，加快推进职业院校布局结构调整，加强县级职业教育中心建设，有针对性地设置专业和课程，满足乡村产业发展和振兴需要。推动优质学校辐射农村薄弱学校常态化，加强城乡教师交流轮岗。积极发展"互联网+教育"，推进乡村学校信息化基础设施建设，优化数字教育资源公共服务体系。落实好乡村教师支持计划，继续实施农村义务教育学校教师特设岗位计划，加强乡村学校紧缺学科教师和民族地区双语教师培训，落实乡村教师生活补助政策，建好建强乡村教师队伍。

通过多种方式增加学位供给，保障农民工随迁子女以流入地公办学校为主接受义务教育，以普惠性幼儿园为主接受学前教育。

实施新型职业农民培育工程，支持新型职业农民通过弹性学制参加中高等农业职业教育。

——以上见中共中央、国务院印发的《乡村振兴战略规划（2018—2022 年）》，2018 年 9 月 26 日

（本意见中的家庭经济困难*）学生包括根据有关规定批准设立的普惠性幼儿园幼儿；根据国家有关规定批准设立、实施学历教育的全日制中等职业学校、普通高中、初中和小学学生；根据国家有关规定批准设立、实施学历教育的全日制普通本科高等学校、高等职业学校和高等专科学校招收的本专科学生（含第二学士学位和预科生），纳入全国

---

* 括号内文字为编者所加。

研究生招生计划的全日制研究生。

　　各地要建立联动机制，加强相关部门间的工作协同，进一步整合家庭经济困难学生数据资源，将全国学生资助管理信息系统、技工院校学生管理信息系统与民政、扶贫、残联等部门有关信息系统对接，确保建档立卡贫困家庭学生、最低生活保障家庭学生、特困供养学生、孤残学生、烈士子女、家庭经济困难残疾学生及残疾人子女等学生信息全部纳入家庭经济困难学生数据库。

　　各高校要健全认定工作机制，成立学校学生资助工作领导小组，领导、监督家庭经济困难学生认定工作；学生资助管理机构具体负责组织、管理全校家庭经济困难学生认定工作；院（系）成立以分管学生资助工作的领导为组长，班主任、辅导员代表等相关人员参加的认定工作组，负责认定的具体组织和审核工作；年级（专业或班级）成立认定评议小组，成员应包括班主任、辅导员、学生代表等，开展民主评议工作。

各中等职业学校、普通高中、初中、小学、幼儿园要成立家庭经济困难学生认定工作组，负责组织实施本校家庭经济困难学生认定工作。成员一般应包括学校领导、资助工作人员、教师代表、学生代表、家长代表等。

家庭经济困难学生认定工作原则上每学年进行一次，每学期要按照家庭经济困难学生实际情况进行动态调整。

学校要将家庭经济困难学生认定的名单及档次，在适当范围内、以适当方式予以公示。公示时，严禁涉及学生个人敏感信息及隐私。学校应建立家庭经济困难学生认定结果复核和动态调整机制，及时回应有关认定结果的异议。

——以上见《教育部等六部门关于做好家庭经济困难学生认定工作的指导意见》（教财〔2018〕16号），2018年10月30日

教育标准包括国家标准、行业标准、地方标准和团体标准、企业标准。

国家标准分为强制性标准、推荐性标准，行业标准、地方标准是推荐性标准。强制性标准必须执行。推荐性国家标准、行业标准、地方标准、团体标准、企业标准的技术要求不得低于强制性国家标准的相关技术要求。

加快制定、修订各级各类学校设立标准、学校建设标准、教育装备标准、教育信息化标准、教师队伍建设标准、学校运行和管理标准、学科专业和课程标准、教育督导标准、语言文字标准等重点领域标准，加快建成适合中国国情、具有国际视野、内容科学、结构合理、衔接有序的教育标准体系，实现教育标准有效供给。

统筹用好标准与标准类政策文件两种管理方式与手段，根据需要及时将标准类政策文件转化为标准。

——以上见《教育部关于完善教育标准化工作的指导意见》（教政法〔2018〕17号），2018 年 11 月 8 日

二、基础教育

治理任务和整改要求。

1. 对存在重大安全隐患的校外培训机构要立即停办整改。

2. 对未取得办学许可证、也未取得营业执照（事业单位法人证书、民办非企业单位登记证书），但具备办理证照条件的校外培训机构，要指导其依法依规办理相关证照；对不符合办理证照条件的，要依法依规责令其停止办学并妥善处置。

3. 对虽领取了营业执照（事业单位法人证书、民办非企业单位登记证书），但尚未取得办学许可证的校外培训机构，具备办证条件的，要指导其办证；对不具备办证条件的，要责令其在经营（业务）范围内开展业务，不得再举办面向中小学生的培训。

4. 坚决纠正校外培训机构开展学科类培训（主要指语文、数学等）出现的"超纲教学""提前教学""强化应试"等不良行为。校外培训机构开展学科类培训的班次、内容、招生对象、上课时间等要向所在地教育行政部门进行审核备案并向社会公布。

5. 严禁校外培训机构组织中小学生等级考试及竞赛，坚决查处将校外培训机构培训结果与中小学校招生入学挂钩的行为，并依法追究有关学校、培训机构和相关人员责任。

6. 坚持依法从严治教，坚决查处一些中小学校不遵守教学计划、"非零起点教学"等行为，严厉追究校长和有关教师的责任；坚决查处中小学教师课上不讲课后到校外培训机构讲，并诱导或逼迫学生参加校外培训机构培训等行为，一经查实，依法依规严肃处理，直至取消教师资格。

县级教育行政部门负责牵头建立

《白名单》，公布无不良行为校外培训机构名单；建立《黑名单》，公布有安全隐患、无资质和有不良行为的校外培训机构名单。

——以上见《教育部办公厅等四部门关于切实减轻中小学生课外负担开展校外培训机构专项治理行动的通知》（教基厅〔2018〕3号），2018 年 2 月 13 日

原则上小学 1—3 年级学生不寄宿，就近走读上学，路途时间一般不超过半小时；4—6 年级学生以走读为主，在住宿、生活、交通、安全等有保障的前提下可适当寄宿，具体由县级人民政府根据当地实际确定。

在人口较为集中、生源有保障的村单独或与相邻村联合设置完全小学；地处偏远、生源较少的地方，一般在村设置低年级学段的小规模学校，在乡镇设置寄宿制中心学校，满足本地学生寄宿学习需求。坚持办好民族地区学校、国门学校和边境学校。

学校撤并原则上只针对生源极少的小规模学校，并应有适当的过渡期，视生源情况再作必要的调整。要严格履行撤并方案制订、论证、公示等程序，并切实做好学生和家长思想工作。撤并后的闲置校舍应主要用于发展乡村学前教育、校外教育、留守儿童关爱保护等。对已经撤并的小规模学校，由于当地生源增加等原因确有必要恢复办学的，要按程序恢复。

对于小规模学校，要保障信息化、音体美设施设备和教学仪器、图书配备，设置必要的功能教室，改善生活卫生条件。对于寄宿制学校，要在保障基本教育教学条件基础上，进一步明确床铺、食堂、饮用水、厕所、浴室等基本生活条件标准和开展共青团、少先队活动及文体活动所必需的场地与设施条件。

对小规模学校实行编制倾斜政策，按照生师比与班师比相结合的方式核定编制；对寄宿制学校应根据教学、管理实际需要，通过统筹现有编制资源、加大调剂力度等方式适当增加编制。

将到乡村学校、薄弱学校任教 1 年以上的经历作为申报高级教师职称和特级教师的重要条件。切实落实教师职称评聘向乡村学校教师倾斜政策，并优先满足小规模学校需要，保障乡村教师职称即评即聘。

保障小规模学校少先队辅导员配备。

强化乡镇中心学校统筹、辐射和指导作用，推进乡镇中心学校和同乡镇的小规模学校一体化办学、协同式发展、综合性考评，实行中心学校校长负责制；将中心学校和小规模学校教师作为同一学校的教师"一并定岗、统筹使用、轮流任教"。

统一中心学校和小规模学校课程设置、教学安排、教研活动和教师管理，推进教师集体教研备课，统筹排课，音乐、体育、美术和外语等学科教师可实行走教，并建立相应的政策支持机制。中心学校要统筹加强控辍保学工作，落实目标责任制和联控联保工作机制。

——以上见《国务院办公厅关于全面加强乡村小规模学校和乡镇寄宿制学校建设的指导意见》（国办发〔2018〕27号），2018年4月25日图书馆藏书量不得低于《中小学图书馆（室）藏书量》（附表一）的规定标准。

　　附表一

中小学图书馆（室）藏书量

	完全中学	高级中学	初级中学	小学
人均藏书量（册）（按在校学生数）	40	45	35	25
报刊（种）	120	120	80	60
工具书、教学参考书（种）	250	250	180	120

　　　　——以上见《教育部关于印发〈中小学

图书馆（室）规程〉的通知》（教基〔2018〕5 号），2018 年 5 月 28 日

严禁教授小学课程内容。对于提前教授汉语拼音、识字、计算、英语等小学课程内容的，要坚决予以禁止。对于幼儿园布置幼儿完成小学内容家庭作业、组织小学内容有关考试测验的，要坚决予以纠正。社会培训机构也不得以学前班、幼小衔接等名义提前教授小学内容，各地要结合校外培训机构治理予以规范。

纠正"小学化"教育方式。针对幼儿园不能坚持以游戏为基本活动，脱离幼儿生活情景，以课堂集中授课方式为

主组织安排一日活动；或以机械背诵、记忆、抄写、计算等方式进行知识技能性强化训练的行为，要坚决予以纠正。

整治"小学化"教育环境。

解决教师资质能力不合格问题。

小学坚持零起点教学。

——以上见《教育部办公厅关于开展幼儿园"小学化"专项治理工作的通知》（教基厅函〔2018〕57号），2018年7月4日

2018年底完成新课程全员培训工作，2019年上半年开始，分批分步完成新教材培训工作，普通高中校长和教师

队伍组织实施新课程新教材的能力整体提高，教研机构和教研队伍的专业支撑能力进一步增强；2022年秋季开学，全国各省（区、市）均启动实施新课程新教材，相关工作推进机制和保障机制进一步健全；到2025年，新课程新教材的理念、内容和要求全面落实到普通高中教育教学各个环节。

——高考综合改革试点省份，可以于2019年秋季学期高一年级起实施新课程、使用新教材。

——2018年启动高考综合改革的省份，可以于2019年或2020年秋季学期高一年级起实施新课程、使用新教材。

——2019 年启动高考综合改革的省份，可以于 2019 年或 2021 年秋季学期高一年级起实施新课程、使用新教材。

——2020 年启动高考综合改革的省份，可以于 2020 年或 2022 年秋季学期高一年级起实施新课程、使用新教材。

省级教育行政部门要完善适应选课走班需要的教学组织管理制度和学分认定办法，坚持实事求是、因地制宜，指导学校有序推进选课走班、科学开展学分认定工作。学校要结合实际，加快建立完善选课走班和学生发展指导制度，并制定具体的学分认定办法。要充分利用信息技术手段，加强对教师配置、班级编排、学生管理、设施配备等方面的统筹力度，逐步形成行政班和教学班并行、科学规范、高效有序的教学组织运行机制。

普通高等学校招生全国统一考试、普通高中学业水平考试、校内评价或考试要以课程方案和课程标准为依据，更好地发挥立德树人导向作用。

——以上见《教育部关于做好普通高中新课程新教材实施工作的指导意见》（教基〔2018〕15 号），2018 年 8 月 15 日

原则上不举办面向义务教育阶段的竞赛活动。

教育部负责面向中小学生的全国性竞赛活动管理工作，并委托专业机构承担具体受理、初核工作。

面向中小学生的全国性竞赛活动的组织主体（主办方）应为在中央编办、民政部登记注册的正式机构，必须具有法人资格。主办方必须信誉良好，无不良记录，具备较强的专业影响力和学术团队。举办竞赛过程中经查实有违法违规行为，致竞赛活动被教育部终止的，其主办方不得再次申请举办竞赛。

举办面向中小学生的全国性竞赛活动，依据文件的效力等级不得低于国务院部门规章或部级规范性文件。

同意举办的竞赛活动，有效期限原则上为 1 年，期间一般举办 1 次。

竞赛应坚持公益性，不得以营利为目的。主办方、承办方不得向学生、学校收取成本费、工本费、活动费、报名费、食宿费和其他各种名目的费用，做到"零收费"。不得以任何方式转嫁竞赛活动成本。

举办竞赛过程中，不得面向参赛者开展培训，不得推销或变相推销资料、书籍、商品等。

竞赛以及竞赛产生的结果不作为中小学招生入学的依据。在竞赛产生的文件、证书、奖章显著位置标注教育部批准文号以及"不作为中小学招生入学依据"等字样。

地方各级教育行政部门、各中小学校、各类教育机构不得组织承办或组织中小学生参加清单之外的冠以"全国""国家""大中华"等字样面向中小学生的竞赛活动，不得为违规竞赛提供场地、经费等条件，一经发现，将予以严肃处理。

面向基础教育领域的全国性挂牌、命名、论坛等其他活动参照本办法执行。

——以上见《教育部办公厅印发〈关于面向中小学生的全国性竞赛活动管理办法（试行）〉的通知》（教基厅〔2018〕9号），2018年9月13日

到2020年，全国学前三年毛入园率达到85%，普惠性幼儿园覆盖率（公办园和普惠性民办园在园幼儿占比）达到80%。

到2020年，基本形成以本专科为主体的幼儿园教师培养体系，本专科学前教育专业毕业生规模达到20万人以上；建立幼儿园教师专业成长机制，健全培训课程标准，分层分类培训150万名左

右幼儿园园长、教师；建立普通高等学校学前教育专业质量认证和保障体系，幼儿园教师队伍综合素质和科学保教能力得到整体提升，幼儿园教师社会地位、待遇保障进一步提高，职业吸引力明显增强。

到 2035 年，全面普及学前三年教育，建成覆盖城乡、布局合理的学前教育公共服务体系，形成完善的学前教育管理体制、办园体制和政策保障体系，为幼儿提供更加充裕、更加普惠、更加优质的学前教育。

大力发展农村学前教育，每个乡镇原则上至少办好一所公办中心园，大村独立建园或设分园，小村联合办园，人口分散地区根据实际情况可举办流动幼儿园、季节班等，配备专职巡回指导教师，完善县乡村三级学前教育公共服务网络。

各地要把发展普惠性学前教育作为重点任务，结合本地实际，着力构建以普惠性资源为主体的办园体系，坚决扭转高收费民办园占比偏高的局面。大力发展公办园，充分发挥公办园保基本、兜底线、引领方向、平抑收费的主渠道作用。按照实现普惠目标的要求，公办园在园幼儿占比偏低的省份，逐步提高公办园在园幼儿占比，到 2020 年全国原则上达到 50%。

积极扶持民办园提供普惠性服务，规范营利性民办园发展，满足家长不同选择性需求。

充分利用腾退搬迁的空置厂房、乡村公共服务设施、农村中小学闲置校舍等资源，以租赁、租借、划转等形式举办公办园。鼓励支持街道、村集体、有实力的国有企事业单位，特别是普通高等学校举办公办园，在为本单位职工子女入园提供便利的同时，也为社会提供普惠性服务。对于军队停办的幼儿园，要移交地方政府接收，实行属地化管理，确保学前教育资源不流失。

确保配套幼儿园与首期建设的居民住宅区同步规划、同步设计、同步建设、同步验收、同步交付使用。配套幼儿园由当地政府统筹安排，办成公办园或委托办成普惠性民办园，不得办成营利性幼儿园。

通过购买服务、综合奖补、减免租金、派驻公办教师、培训教师、教研指导等方式，支持普惠性民办园发展，并将提供普惠性学位数量和办园质量作为奖补和支持的重要依据。

非营利性民办园（包括普惠性民办园）收费具体办法由省级政府制定。营利性民办园收费标准实行市场调节，由幼儿园自主决定。地方政府依法加强对民办园收费的价格监管，坚决抑制过高收费。

各地要及时补充公办园教职工，严禁"有编不补"、长期使用代课教师。民办园按照配备标准配足配齐教职工。各类幼儿园按照国家相关规定配备卫生保健人员。

有条件的地方可试点实施乡村公办园教师生活补助政策。按照政府购买服务范围的规定，可将公办园中保育员、安保、厨师等服务纳入政府购买服务范围，所需资金从地方财政预算中统筹安排。民办园要参照当地公办园教师工资收入水平，合理确定相应教师的工资收入。

中等职业学校相关专业重点培养保育员。

前移培养起点，大力培养初中毕业起点的五年制专科学历的幼儿园教师。

2018 年启动师范院校学前教育专业国家认证工作，建立培养质量保障制度。

非学前教育专业毕业生到幼儿园从教须经专业培训并取得相应教师资格。

2019 年 6 月底前，各省（自治区、直辖市）要制定民办园分类管理实施办法，明确分类管理政策。现有民办园根据举办者申请，限期归口进行非营利性民办园或营利性民办园分类登记。

社会资本不得通过兼并收购、受托经营、加盟连锁、利用可变利益实体、协议控制等方式控制国有资产或集体资产举办的幼儿园、非营利性幼儿园；已违规的，由教育部门会同有关部门进行清理整治，清理整治完成前不得进行增资扩股。参与并购、加盟、连锁经营的营利性幼儿园，应将与相关利益企业签订的协议报县级以上教育部门备案并向社会公布；当地教育部门应对相关利益企业和幼儿园的资质、办园方向、课程资源、数量规模及管理能力等进行严格审核，实施加盟、连锁行为的营利性幼儿园原则上应取得省级示范园资质。幼儿园控制主体或品牌加盟主体变更，须经所在区县教育部门审批，举办者变更须按规定办理核准登记手续，按法定程序履行资产交割。所属幼儿园出现安全、经营、管理、质量、财务、资产等方面问题时，举办者、实际控制人、负责幼儿园经营的管理机构应承担相应责任。民办园一律不准单独或作为一部分资产打包上市。上市公司不得通过股票市场融资投资营利性幼儿园，不得通过发行股份或支付现金等方式购买营利性幼儿园资产。

认真落实全面从严治党要求，实现幼儿园党的组织和党的工作全覆盖。充分发挥幼儿园党组织作用，保障正确办园方向，认真做好教职工思想政治工作，厚植立德树人基础。

——以上见《中共中央　国务院关于学前教育深化改革规范发展的若干意见》，2018年11月7日

把影视教育作为中小学德育、美育等工作的重要内容，纳入学校教育教学计划。

使观看优秀影片成为每名中小学生的必修内容，保障每名中小学生每学期

至少免费观看两次优秀影片。

——以上见《教育部　中共中央宣传部关于加强中小学影视教育的指导意见》（教基〔2018〕24 号），2018 年 11 月 21 日

凡发现包含色情暴力、网络游戏、商业广告等内容及链接，或利用抄作业、搞题海、公布成绩排名等应试教育手段增加学生课业负担的 APP，要立即停止使用，退订相关业务，卸载 APP，取消关注有关微信公众号，坚决杜绝有害 APP 侵蚀校园。

各地要建立学习类 APP 进校园备案审查制度，按照"凡进必审""谁选用谁负责""谁主管谁负责"的原则建立

"双审查"责任制，学校首先要把好选用关，严格审查 APP 的内容及链接、应用功能等，并报上级教育主管部门备案审查同意。要把教育行政部门和学校组织使用的学习类 APP 纳入统一管理，未经学校和教育行政部门审查同意，教师不得随意向学生推荐使用任何 APP。

进入校园的学习类 APP 不得向学生收费或由学生支付相关费用。

——以上见《教育部办公厅关于严禁有害 APP 进入中小学校园的通知》（教基厅函〔2018〕102 号），2018 年 12 月 25 日

小学一二年级不布置书面家庭作业，三至六年级家庭作业不超过 60 分

钟，初中家庭作业不超过 90 分钟，高中也要合理安排作业时间。

作业难度水平不得超过课标要求，教师不得布置重复性和惩罚性作业，不得给家长布置作业或让家长代为评改作业。

小学一二年级每学期学校可组织 1 次统一考试，其他年级每学期不超过 2 次统一考试。不得在小学组织选拔性或与升学挂钩的统一考试。

不得组织学生参加社会上未经教育行政部门审批的评优、推优及竞赛活动。

规范学生使用电子产品，养成信息化环境下良好的学习和用眼卫生习惯，全面提升信息素养。严禁学生将手机带入课堂。

严禁将课后服务变为集体教学或集体补课。

培训机构取得办学许可证及营业执照（或事业单位法人证书、民办非企业单位登记证书）后方可开展培训。

严禁超标培训。开展语文、数学、英语及物理、化学、生物等学科知识培训的内容、班次名称、招生对象、培训进度、上课时间等要经所在地县级教育行政部门备案审核并向社会公布；培训内容不得超出国家课程标准，培训班次必须与招生对象所处年级相匹配，培训进度不得超过所在县（市、区）中小学同期进度。杜绝机械训练、强化应试等不良培训行为。不得留作业。

严格教师聘用。培训机构必须有相对稳定的师资队伍，从事学科知识培训的教师应具有相应教师资格，并接受社会监督。严禁聘用在职中小学教师到培训机构任教。

严禁与升学挂钩。严禁将培训结果与中小学招生入学挂钩，严禁作出与升学、考试相关的保证性承诺，严禁组织举办中小学生学科类等级考试、竞赛及排名。

控制培训时间。培训时间不得与当地中小学教学时间相冲突，培训结束时间不得晚于 20:30。

地方各级人民政府严禁给教育行政部门和学校下达升学指标，或片面以升学率评价教育行政部门和学校；不得将升学情况与考核、绩效和奖励挂钩。

严禁各类新闻媒体炒作考试成绩排名和升学率，不得以任何形式宣传中高考状元。

不得随意要求学校组织学生参加与教育教学无关的活动，不得随意要求学校增加专题教育内容。

有关部门要加强对线上培训的监管。地方社会综合执法部门每年不少于两次对培训机构进行执法检查。

严禁将培训机构培训结果作为招生入学依据。

民办中小学校招生纳入学校审批地统一管理，与公办中小学同步招生。

——以上见《教育部等九部门关于印发中小学生减负措施的通知》（教基〔2018〕26号），2018 年 12 月 28 日

三、职业教育
与继续教育

对到东部地区接受中等职业教育的建档立卡贫困家庭学生，西部地区省份从财政扶贫资金中按照每生每年3000元左右的标准给予资助；东部地区省份从东西扶贫协作财政援助资金中按照每生每年不少于1000元的标准给予资助，用于学生的交通、住宿、课本教材、服装等方面费用。

——《教育部办公厅关于做好2018年中等职业学校招生工作的通知》（教职成厅〔2018〕2号），2018年4月11日加快发展残疾人职业教育，有利于更好满足残疾人受教育的权利，提升残疾人受教育的水平，促进教育公平，推进基本实现教育现代化；有利于帮助残疾人提高就业创业能力，促进残疾人就业和全面发展，更好融入社会，平等享有人生出彩的机会；有利于帮助贫困残疾人脱贫增收，阻断贫困代际传递，加快残疾人小康进程，确保全面小康路上不让一个人掉队。

每个省（区、市）集中力量至少办好一所面向全省招生的残疾人中等职业学校。

鼓励职业院校与现有独立设置的特

殊教育机构合作办学，联合招生、学分互认、课程互选，共同培养残疾学生。

各地要加强残疾人职业教育教师的培养培训，专业课教师每 5 年应有不少于 6 个月的企业或生产服务一线实践，没有企业工作经历的新任教师应先实践再上岗。

——以上见《教育部等四部门关于加快发展残疾人职业教育的若干意见》（教职成〔2018〕5 号），2018 年 4 月 23 日

四、高等教育

从 2018 年秋季学期开始，中央部门所属高校招收的预科学生实施自主培养，省属高校招收的预科学生原则上由省级教育行政部门根据实际情况，由学校自主培养或集中培养（不含新疆民考民类学生）。

——《教育部办公厅关于切实做好高校少数民族预科学生自主培养工作的通知》（教民厅函〔2018〕6 号），2018 年 3 月 29 日

到 2020 年，基本完成适应新一代人工智能发展的高校科技创新体系和学科

体系的优化布局，高校在新一代人工智能基础理论和关键技术研究等方面取得新突破，人才培养和科学研究的优势进一步提升，并推动人工智能技术广泛应用。

到 2025 年，高校在新一代人工智能领域科技创新能力和人才培养质量显著提升，取得一批具有国际重要影响的原创成果，部分理论研究、创新技术与应用示范达到世界领先水平，有效支撑我国产业升级、经济转型和智能社会建设。

到 2030 年，高校成为建设世界主要人工智能创新中心的核心力量和引领新

一代人工智能发展的人才高地，为我国
跻身创新型国家前列提供科技支撑和人
才保障。

加强新一代人工智能基础理论
研究。

推动新一代人工智能核心关键技术
创新。

加快建设人工智能科技创新基地。

加快建设一流人才队伍和高水平创
新团队。

加强高水平科技智库建设。

加大国际学术交流与合作力度。

支持高校在"双一流"建设中，加大对人工智能领域相关学科的投入，促进相关交叉学科发展。

将人工智能纳入大学计算机基础教学内容。

积极搭建人工智能领域教师挂职锻炼、产学研合作等工程能力训练平台。推动高校教师与行业人才双向交流机制。鼓励有条件的高校建立人工智能学院、人工智能研究院或人工智能交叉研究中心。

在教师职前培养和在职培训中设置人工智能相关知识和技能课程，培养教师实施智能教育能力；在高校非学历继续教育培训中设置人工智能课程。

在"丝绸之路"中国政府奖学金中支持人工智能领域来华留学人才培养。

鼓励和支持国内学生赴人工智能领域优势国家留学。

在中小学阶段引入人工智能普及教育。

探索基于人工智能的新教学模式，

重构教学流程，并运用人工智能开展教学过程监测、学情分析和学业水平诊断，建立基于大数据的多维度综合性智能评价，精准评估教与学的绩效，实现因材施教。

推动终身在线学习，鼓励发展以学习者为中心的智能化学习平台，提供丰富的个性化学习资源，创新服务供给模式，实现终身教育定制化。

——以上见《教育部关于印发〈高等学校人工智能创新行动计划〉的通知》（教技〔2018〕3 号），2018 年 4 月 2 日

从本科思想政治理论课现有学分中划出 2 个学分、从专科思想政治理论课

现有学分中划出 1 个学分，开展本专科思想政治理论课实践教学。

按照师生比不低于 1∶350 的比例设置专职思想政治理论课教师岗位，为每个教研室（组）配足师资。

本科院校按在校本硕博全部在校生总数每生每年不低于 20 元，专科院校每生每年不低于 15 元的标准提取专项经费，加强以教研室（组）为单位开展教师学术交流、实践研修等。

——以上见《教育部关于印发〈新时代高校思想政治理论课教学工作基本要求〉的通知》（教社科〔2018〕2 号），2018 年 4 月 12 日高校各级党组织实施"对标争先"建设计划，要全面对标习近平新时代中国特色社会主义思想，全面对标党的十九大精神，全面对标党章党规党纪，全面对标《中共中央　国务院关于加强和改进新形势下高校思想政治工作的意见》，努力在管党治党取得新成效上争先，在办学治校展现新作为上争先，在推动高质量发展取得新突破上争先，在全面从严治党呈现新气象上争先。

"对标争先"建设计划纳入高校思想政治工作专项经费保障，支持党建工作示范高校、标杆院系、样板支部创建，培育建设"双带头人"* 教师党支部书记工作室，促进"十百千万"工程开展。各地党委教育工作部门要出台支持政策，把"对标争先"建设作为高校党建和思想政治工作测评检查、评先评优等工作的重要内容，引导支持高校各级党组织着力提升党建工作质量。

——以上见《中共教育部党组关于高校党组织"对标争先"建设计划的实施意见》（教党〔2018〕25 号），2018 年 5 月 22 日

"双带头人"教师党支部书记，既要政治强，具备过硬思想政治素质，又要业务精，在教育教学、科学研究等方

---

　　* "双带头人"指高校教师党支部书记成为党建带头人和学术带头人。

面能力业绩突出，一般从具有副高级以上专业技术职务（职称）或者博士研究生学历学位的优秀党员教师中选任。

"双带头人"教师党支部书记，在带头履行好党支部书记基本职责的同时，应把工作重点聚焦到强化教师党支部政治功能、做好教师思想政治工作、推进中心工作上来。

——以上见《中共教育部党组关于高校教师党支部书记"双带头人"培育工程的实施意见》（教党〔2018〕26号），2018年5月22日

面向全国高校首批培育创建10所党建工作示范高校、100个党建工作标杆

院系、1000 个党建工作样板支部，开展万名基层党组织书记示范培训，建设周期为两年，以点带面发挥引领带动作用，推动全国高校各级党组织全面进步全面过硬，推动全国高校党建质量全面创优全面提升。

新时代高校党建"双创"工作，面向全国普通高等学校党委（含高职高专院校、民办高校）及其院（系）党组织、基层党支部开展，校、院（系）党组织一般应至少成立 5 年，基层党支部一般应至少成立 3 年。

民办高校参加新时代高校党建"双创"工作，实行计划单列，由省级党委教育工作部门组织遴选后申报，每省（区、市）"党建示范高校""党建标杆院系"项目各限报 1 个，"党建样板支部"项目限报 5 个。

——以上见《教育部办公厅关于开展新时代高校党建示范创建和质量创优工作的通知》（教思政厅函〔2018〕23 号），2018 年 7 月 4 日

本办法 * 所称师范生公费教育是指国家在北京师范大学、华东师范大学、东北师范大学、华中师范大学、陕西师范大学和西南大学六所教育部直属师范大学（以下简称部属师范大学）面向师

---

* 指《教育部直属师范大学师范生公费教育实施办法》。

范专业本科生实行的，由中央财政承担其在校期间学费、住宿费并给予生活费补助的培养管理制度。

部属师范大学根据国家相关政策，制定在校期间公费师范生进入、退出的具体办法。有志从教并符合条件的非师范专业优秀学生，在入学 2 年内，可在教育部和学校核定的公费师范生招生计划内转入师范专业，签订协议并由所在学校按相关标准返还学费、住宿费，补发生活费补助。公费师范生可按照所在学校规定的办法和程序，在师范专业范围内进行二次专业选择。录取后经考察不适合从教的公费师范生，在入学 1 年内，按照规定退还已享受的学费、住宿费和生活费补助，并由所在学校根据当年高考成绩将其调整到符合录取条件的非师范专业。

公费师范生毕业后一般回生源所在省份中小学任教，并承诺从事中小学教育工作 6 年以上。到城镇学校工作的公费师范生，应到农村义务教育学校任教服务至少 1 年。

公费师范生由于志愿到中西部边远贫困和少数民族地区任教等特殊原因不能回生源所在省份任教的，应届毕业前可申请跨省就业，经所在学校、生源所在省份和接收省份省级教育行政部门审核同意后，按有关规定程序办理跨省就业手续。

公费师范生要严格履行协议，未按协议从事中小学教育工作的，须退还已享受的公费教育费用并缴纳违约金。

公费师范生按协议履约任教满一学期后，可免试攻读非全日制教育硕士专业学位。公费师范生本人向本科就读的部属师范大学提出申请，经任教学校考核合格并批准，部属师范大学根据任教学校工作考核结果、本科学习成绩等进行综合考核后，录取为非全日制硕士研究生，以非全日制形式学习专业课程。任教考核合格并通过论文答辩的，授予相应的学历、学位证书。

除上述情形以外，公费师范生在协议规定服务期内不得报考研究生。

公费师范生在协议规定服务期内，经省级教育行政部门同意，可在学校间流动或从事教育管理工作。

——以上见《国务院办公厅关于转发教育部等部门教育部直属师范大学师范生公费教育实施办法的通知》（国办发〔2018〕75号），2018 年 7 月 30 日

率先确立建成一流本科教育目标，强化本科教育基础地位，把一流本科教育建设作为"双一流"建设的基础任务，加快实施"六卓越一拔尖"人才

培养计划 2.0，建成一批一流本科专业。

推进高层次人才供给侧结构性改革，优化不同层次学生的培养结构，适应需求调整培养规模与培养目标，适度扩大博士研究生规模，加快发展博士专业学位研究生教育。

立足学校办学定位和学科发展规律，打破传统学科之间的壁垒，以"双一流"建设学科为核心，以优势特色学科为主体，以相关学科为支撑，整合相关传统学科资源，促进基础学科、应用学科交叉融合，在前沿和交叉学科领域培植新的学科生长点。

学科建设要明确学术方向和回应社会需求，坚持人才培养、学术团队、科研创新"三位一体"。

学科建设的重点在于尊重规律、构建体系、强化优势、突出特色。

以学科建设为载体，加强科研实践和创新创业教育，培养一流人才。

汇聚拔尖人才，激发团队活力。

学术探索与服务国家需求紧密融合，着力提高关键领域原始创新、自主创新能力和建设性社会影响。

聚焦建设学科，加强学科协同交叉融合。

——以上见《教育部　财政部　国家发展改革委印发〈关于高等学校加快"双一流"建设的指导意见〉的通知》（教研〔2018〕5号），2018年8月8日

以"回归常识、回归本分、回归初心、回归梦想"为基本遵循，激励学生刻苦读书学习，引导教师潜心教书育人，努力培养德智体美劳全面发展的社会主义建设者和接班人，为建设社会主义现代化强国和实现中华民族伟大复兴的中国梦提供强有力的人才保障。

到 2035 年，形成中国特色、世界一流的高水平本科教育，为建设高等教育强国、加快实现教育现代化提供有力支撑。

加强对毕业设计（论文）选题、开题、答辩等环节的全过程管理，对形式、内容、难度进行严格监控，提高毕业设计（论文）质量。

建立教师个人信用记录，完善诚信承诺和失信惩戒机制，推动师德建设常态化长效化。

大力推动两院院士、国家"千人计划""万人计划"专家、"长江学者奖励计划"入选者、国家杰出青年科学基金获得者等高层次人才走上本科教学一线并不断提高教书育人水平，完善教授给本科生上课制度，实现教授全员给本科生上课。

加强教育教学业绩考核，在教师专业技术职务晋升中施行本科教学工作考评一票否决制。

实施一流专业建设"双万计划"。

建设 1 万个国家级一流专业点和 1 万个省级一流专业点，引领支撑高水平本科教育。"双一流"高校要率先建成一流专业，应用型本科高校要结合办学特色努力建设一流专业。

推动国家级、省部级科研基地向本科生开放，为本科生参与科研创造条件，推动学生早进课题、早进实验室、早进团队，将最新科研成果及时转化为教育教学内容，以高水平科学研究支撑高质量本科人才培养。

规范本科教学工作审核评估和合格评估，开展本科专业评估。推进高等学校本科专业认证工作，开展保合格、上水平、追卓越的三级专业认证。

——以上见《教育部关于加快建设高水平本科教育全面提高人才培养能力的意见》（教高〔2018〕2号），2018年9月17日经过 5 年的努力，建设一批新型高水平理工科大学、多主体共建的产业学院和未来技术学院、产业急需的新兴工科专业、体现产业和技术最新发展的新课程等，培养一批工程实践能力强的高水平专业教师，20%以上的工科专业点通过国际实质等效的专业认证，形成中国特色、世界一流工程教育体系，进入高等工程教育的世界第一方阵前列。

——《教育部 工业和信息化部 中国工程院关于加快建设发展新工科实施卓越工程师教育培养计划 2.0 的意见》（教高〔2018〕3 号），2018 年 9 月 17 日

紧紧围绕健康中国战略实施，树立

"大健康"理念，深化医教协同，推进以胜任力为导向的教育教学改革，优化服务生命全周期、健康全过程的医学专业结构，促进信息技术与医学教育深度融合，建设中国特色、世界水平的一流医学专业，培养一流医学人才，服务健康中国建设。

经过5年的努力，以"5+3"为主体的具有中国特色的医学人才培养体系全面建立，医教协同育人机制更加健全，综合大学医学教育管理体制机制更加完善，医学教育质量文化建设取得显著成效，建设一批一流医学专业，推出一批线上线下精品课程，人才培养质量显著提升，服务卫生健康事业发展的能力明显增强。

支持不同类型医学院校找准办学定位，突出办学特色，加快建成 400 个左右一流医学专业。

——以上见《教育部　国家卫生健康委员会　国家中医药管理局关于加强医教协同实施卓越医生教育培养计划 2.0 的意见》（教高〔2018〕4 号），2018 年 9 月 17 日

经过 5 年的努力，多层次、多类型、多样化的中国特色高等农林教育人才培养体系全面建立，农科教协同育人机制更加完善，高等农林教育专业认证制度更加健全，建设一批一流农林专业，打造一批线上线下精品课程，农林

人才培养质量明显提升，服务乡村振兴发展和生态文明建设的能力明显增强。

高等农林教育要树立和践行绿水青山就是金山银山的理念，坚持人与自然和谐共生，培养服务"产业兴旺、生态宜居、乡风文明、治理有效、生活富裕"的卓越农林人才。

——以上见《教育部　农业农村部　国家林业和草原局关于加强农科教结合实施卓越农林人才教育培养计划 2.0 的意见》（教高〔2018〕5 号），2018 年 9 月 17 日

经过 5 年的努力，建立起凸显时代特征、体现中国特色的法治人才培养体系。建成一批一流法学专业点，教材课

程、师资队伍、教学方法、实践教学等关键环节改革取得显著成效；协同育人机制更加完善，中国特色法治人才培养共同体基本形成；高等法学教育教学质量显著提升，培养造就一大批宪法法律的信仰者、公平正义的捍卫者、法治建设的实践者、法治进程的推动者、法治文明的传承者，为全面依法治国奠定坚实基础。

——《教育部　中央政法委关于坚持德法兼修实施卓越法治人才教育培养计划 2.0 的意见》（教高〔2018〕6 号），2018 年 9 月 17 日

经过 5 年的努力，建设一批马克思主义新闻观研究宣传教育基地，打造一

批中国特色、世界水平的一流新闻传播专业点，形成遵循新闻传播规律和人才成长规律的全媒化复合型专家型新闻传播人才培养体系，培养造就一大批适应媒体深度融合和行业创新发展，能够讲好中国故事、传播中国声音的优秀新闻传播后备人才。

——《教育部　中共中央宣传部关于提高高校新闻传播人才培养能力实施卓越新闻传播人才教育培养计划 2.0 的意见》（教高〔2018〕7 号），2018 年 9 月 17 日

遵循基础学科拔尖创新人才成长规律，建立拔尖人才脱颖而出的新机制，在基础学科拔尖学生培养试验计划前期探索的"一制三化"（导师制、小班化、

个性化、国际化）等有效模式基础上，进一步拓展范围、增加数量、提高质量、创新模式，形成拔尖人才培养的中国标准、中国模式和中国方案。

基础学科拔尖人才培养计划 2.0 在数学、物理学、化学、生物科学、计算机科学的基础上，增加天文学、地理科学、大气科学、海洋科学、地球物理学、地质学、心理学、基础医学、哲学、经济学、中国语言文学、历史学。

——以上见《教育部等六部门关于实施基础学科拔尖学生培养计划 2.0 的意见》（教高〔2018〕8 号），2018 年 9 月 17 日

受聘专家在聘期内有下列情形之一

的，高校终止与其签订的聘任合同，并报教育部停发奖金：

（一）因组织需要等特殊情况调离受聘岗位的；

（二）因工作需要担任厅局级及以上领导职务的。

建立"长江学者奖励计划"退出机制，依据不同情形分别处理。

（一）因个人原因无法完成聘任合同，本人提出退出"长江学者奖励计划"的，可以主动退出。

（二）有下列违约情形的，应当解约退出：

1. 聘期内违规离岗的；

2. 聘期内未按合同约定如期到岗工作或到岗时间不足、经督促提醒仍不履约的；

3. 聘期考核不合格，且本人不主动退出的。

（三）有下列违法违规情形的，应当强制退出：

1. 违反政治纪律和政治规矩的；

2. 违反国家法律法规被依法追究刑事责任的；

3. 弄虚作假骗取入选资格的；

4. 违反师德师风、学术道德规范，情节严重的。

退出"长江学者奖励计划"的，由教育部撤销称号。聘期尚未结束的，聘任高校应解除与其签订的长江学者聘任合同。主动退出和解约退出的，停发奖金并视合同履行情况追回部分或全部已发放奖金；强制退出的，取消入选资格，停发奖金并追回全部已发放奖金。

解约退出的，自退出之日起 2 年内不得再申报国家、各部委高层次人才计划和荣誉称号；强制退出的，不得再申报各类人才计划和荣誉称号。

"长江学者""青年长江学者"是学术性、荣誉性称号，避免与物质利益简单、直接挂钩。入选者应珍惜荣誉、严格自律。聘期结束后，不得再使用称号。

——以上见《中共教育部党组关于印发〈"长江学者奖励计划"管理办法〉的通知》（教党〔2018〕51 号），2018 年 9 月 21 日

符合面向港澳台研究生招生报考资格者，既可参加内地（祖国大陆）面向

港澳台研究生招生考试，也可参加全国研究生招生考试，入学考试科目不设思想政治理论。

命题难度要和内地（祖国大陆）研究生招生考试命题难度大致相当，命题其他具体要求原则上与内地（祖国大陆）的相关要求相同。试题的表达方式及用词，要注意通用性，导语要清晰，以便考生按要求答题。

——以上见《教育部办公厅关于印发〈2019 年面向香港、澳门、台湾地区招收研究生工作管理办法〉的通知》（教学厅〔2018〕12 号），2018 年 11 月 23 日

通过优先利用空编接收等办法，保

障符合就业条件的公费师范生全部落实任教学校并入编入岗，严禁"有编不补"。2019 年 5 月底前，确保 90% 的公费师范生通过双向选择落实任教学校。2019 年 6 月底仍未签约的公费师范生，其档案、户口等迁转至生源所在地省级教育行政部门，由各省级教育行政部门会同有关部门统筹安排到师资紧缺地区的中小学校任教，公费师范生离校前须全部落实任教学校。

——《教育部办公厅关于做好 2019 届教育部直属师范大学公费师范毕业生就业工作的通知》（教师厅〔2018〕8 号），2018 年 12 月 21 日

严禁委托个人或中介组织开展特殊

类型考试招生有关工作；严禁高校将审核、考试、选拔等工作下放至学校内设学院或部门独立负责；严禁高校通过各种虚假专业考试方式来圈定合格生源。

进一步提高相关考生的专项测试要求和文化课成绩录取要求。实施高考综合改革及合并本科批次的省份，有关特殊类型招生录取文化课最低控制分数线不得低于改革前的相应要求。中央部门高校要发挥示范带头作用，充分考虑学校发展定位和人才培养标准，逐步提高文化课成绩录取要求。

——以上见《教育部办公厅关于做好2019年普通高等学校部分特殊类型招生工作的通知》（教学厅〔2018〕13号），2018年

12 月 27 日

1. 严格报名资格条件。高校要进一步完善自主招生简章，科学合理确定报名条件，强化对学生的学科特长和创新潜质要求，不得简单以论文、专利、中介机构举办的竞赛（活动）等作为报考条件和初审通过依据。对拟认可的赛事证书，要以权威性高、公信力强的学科竞赛为主，并组织相关专家对赛事的科学性、规范性进行认真评估。高校应于2019 年 1 月底前将自主招生简章报教育部备案。

2. 严格制定录取标准。高校要根据学校办学定位和专业培养要求，在现有基础上进一步降低给予自主招生考生的优惠分值。在高考综合改革试点省份也要相应提高要求，确保生源质量。

3. 严格控制招生规模。高校要在上一年录取人数基础上适度压缩招生名额，合理确定参加高校考核和具备入选资格的考生人数，提高人才选拔质量，宁缺毋滥。

严禁委托个人或中介组织开展自主招生高校考核等有关工作。

——以上见《教育部办公厅关于做好2019年高校自主招生工作的通知》（教学厅〔2018〕14号），2018年12月29日

五、民办教育

鼓励发展以培养中小学生兴趣爱好、创新精神和实践能力为目标的培训，重点规范语文、数学、英语及物理、化学、生物等学科知识培训，坚决禁止应试、超标、超前培训及与招生入学挂钩的行为。

场所条件方面，校外培训机构必须有符合安全条件的固定场所，同一培训时段内生均面积不低于 3 平方米，确保不拥挤、易疏散；必须符合国家关于消防、环保、卫生、食品经营等管理规定要求。通过为参训对象购买人身安全保险等必要方式，防范和化解安全事故风险。师资条件方面，校外培训机构必须有相对稳定的师资队伍，不得聘用中小学在职教师。

从事语文、数学、英语及物理、化学、生物等学科知识培训的教师应具有相应的教师资格。

校外培训机构必须坚持和加强党的领导，做到党的建设同步谋划、党的组织同步设置、党的工作同步开展，确保正确的办学方向。

校外培训机构必须经审批取得办学许可证后，登记取得营业执照（或事业单位法人证书、民办非企业单位登记证书，下同），才能开展培训。已取得办学许可证和营业执照的，如不符合设置标准，应当按标准要求整改，整改不到位的要依法吊销办学许可证，终止培训活动，并依法办理变更或注销登记。

县级教育部门负责审批颁发办学许可证，未经教育部门批准，任何校外培训机构不得以家教、咨询、文化传播等名义面向中小学生开展培训业务。校外培训机构在同一县域设立分支机构或培训点的，均须经过批准；跨县域设立分支机构或培训点的，需到分支机构或培训点所在地县级教育部门审批。中小学校不得举办或参与举办校外培训机构。

校外培训机构开展语文、数学、英语及物理、化学、生物等学科知识培训的内容、班次、招生对象、进度、上课时间等要向所在地县级教育部门备案并向社会公布；培训内容不得超出相应的国家课程标准，培训班次必须与招生对象所处年级相匹配，培训进度不得超过所在县（区）中小学同期进度。校外培训机构培训时间不得和当地中小学校教学时间相冲突，培训结束时间不得晚于20：30，不得留作业；严禁组织举办中小学生学科类等级考试、竞赛及进行排名。

收费时段与教学安排应协调一致，不得一次性收取时间跨度超过 3 个月的费用。

探索通过建立学杂费专用账户、严控账户最低余额和大额资金流动等措施加强对培训机构资金的监管。

全面推行白名单制度，对通过审批登记的，在政府网站上公布校外培训机构的名单及主要信息，并根据日常监管和年检、年度报告公示情况及时更新。各地可根据校外培训机构的设置和管理要求，建立负面清单。

将黑名单信息纳入全国信用信息共享平台，按有关规定实施联合惩戒。将营利性校外培训机构的行政许可信息、行政处罚信息、黑名单信息、抽查检查结果等归集至国家企业信用信息公示系统，记于相对应企业名下并依法公示。对于非营利性校外培训机构的失信行为，依据社会组织信用信息管理有关规定进行信用管理并依法公示。

学校和单位在核定的绩效工资总量内，对参与课后服务的教师给予适当倾斜。设定服务性收费或代收费的，应当坚持成本补偿和非营利原则，按有关规定由省级教育部门和价格主管部门联合报省级人民政府审定后执行。

——以上见《国务院办公厅关于规范校外培训机构发展的意见》（国办发〔2018〕80号），2018 年 8 月 6 日

六、体育卫生
与艺术教育

工作目标。

一是将奥林匹克教育纳入学校教育教学，在课堂教学、课外实践等环节普及冬奥会项目和竞赛知识，促进奥林匹克运动和奥林匹克精神在校园体育教育中的发展。二是广泛开展中小学奥林匹克教育活动，弘扬奥林匹克精神，鼓励中小学生积极参与和支持北京冬奥会。三是通过奥林匹克教育扩大中小学生国际交流，树立做好冬奥会东道主意识，培养具有国际视野和文明礼仪风尚的青少年学生。四是举办中小学生冬季奥林匹克赛事活动，增进中小学生对奥林匹克的理解，使学生在亲身体验中收获教益和快乐，掌握冬季运动技能。五是开展奥林匹克教育研究，建立一批奥林匹克教育特色示范学校、冰雪运动特色学校、同心结学校，形成形式多样的教育教学示范成果，组建奥林匹克教育研究机构，为奥林匹克教育留下可持续的丰厚遗产。

——以上见《教育部　国家体育总局　北京冬奥组委关于印发〈北京 2022 年冬奥会和冬残奥会中小学生奥林匹克教育计划〉的通知》（教体艺〔2018〕1 号），2018 年 1 月 30 日

全国青少年校园足球改革试验区基

本要求（试行）。

根据世界足球强国在儿童 5 岁左右就开始足球启蒙教育的普遍情况，进一步下移普及重心，积极将足球运动向幼儿园延伸。

在区域内学校全面落实国家体育与健康课程标准规定的体育与健康课时要求，在区域内所有全国和各级校园足球特色学校落实每周面向全体学生开设 1 节足球课的基本要求，条件具备的学校可以每周开设 2 节足球课。

在区域内建设若干校园足球"满天星"训练营并不断完善组织体系和运行

模式。

全国青少年校园足球试点县（区）基本要求（试行）。

区域内的全国青少年校园足球特色学校数应占本地区中小学总数的60%以上。

在核定编制总量内配齐本地区学校体育教师，满足本地区学校体育教学工作需求，确保本地区每个学校至少有1名足球专项体育教师。

区域内的全国和各级校园足球特色学校把校园足球作为体育课的必修内容，每周用1节体育课进行足球教学，区域内的全国和各级校园足球特色学校把足球运动纳入大课间或课外活动。

不断完善区域内的全国和各级校园足球特色学校竞赛制度。每年组织开展本地区的校园足球联赛。

将校园足球运动员注册定级情况纳入学生综合素质评价体系，建立校园足球特色学校小学、初中、高中对接招生机制。

——以上见《教育部办公厅关于印发〈全国青少年校园足球改革试验区基本要求（试行）〉和〈全国青少年校园足球试点县（区）基本要求（试行）〉的通知》（教体艺厅〔2018〕3号），2018年8月14日到 2023 年，力争实现全国儿童青少年总体近视率在 2018 年的基础上每年降低 0.5 个百分点以上，近视高发省份每年降低 1 个百分点以上。

到 2030 年，实现全国儿童青少年新发近视率明显下降，儿童青少年视力健康整体水平显著提升，6 岁儿童近视率控制在 3% 左右，小学生近视率下降到 38% 以下，初中生近视率下降到 60% 以下，高中阶段学生近视率下降到 70% 以下，国家学生体质健康标准达标优秀率达 25% 以上。

小学一二年级不布置书面家庭作业，三至六年级书面家庭作业完成时间不得超过 60 分钟，初中不得超过 90 分钟，高中阶段也要合理安排作业时间。

严格落实国家体育与健康课程标准，确保小学一二年级每周 4 课时，三至六年级和初中每周 3 课时，高中阶段每周 2 课时。

学校教育本着按需的原则合理使用电子产品，教学和布置作业不依赖电子产品，使用电子产品开展教学时长原则上不超过教学总时长的 30%，原则上采用纸质作业。

——以上见《教育部等八部门关于印发〈综合防控儿童青少年近视实施方案〉的通知》（教体艺〔2018〕3 号），2018 年 8 月 30 日

七、招生考试

完善优质普通高中招生指标合理分配到区域内初中的政策，确保分配比例不低于 50%，并适当向薄弱初中、农村初中倾斜。要将民办学校招生入学工作纳入当地教育行政部门统一管理，严格规范招生计划和招生方式管理，引导其合理确定招生范围，并与公办学校同步招生。高等学校附属中小学以及省属、市属中小学校招生入学要纳入所在地教育行政部门招生入学工作统一管理。

各地要加快建立以居住证为主要依

据的义务教育随迁子女入学政策，切实简化入学流程和证明要求，合理确定入学条件，确保符合条件的应入尽入，不得随意提高入学门槛。

小学、初中、普通高中起始年级应按照不超过国家规定班额标准招生，严格控制存在大班额、大校额学校的招生计划，合理分流学生，确保2018年实现义务教育阶段学校基本消除66人以上超大班额目标，消除56人以上大班额工作取得更大进展。

在教育资源相对均衡的地方，一般实行单校划片；在教育资源配置不够均衡、择校冲动强烈的地方，统筹考虑过去片区划分和生源分布等情况，积极稳慎推进多校划片，促进教育公平。

努力保障入学机会均等。各地要积极推动形成更加公平完善的就近入学规则。小学入学一般采取登记入学，初中入学一般采取登记或对口直升方式入学，实行多校划片的地区小学、初中可采取随机派位方式入学，保障入学机会公平。实行小升初对口直升的，要按照强弱结合原则合理配对初中和小学学校。实行学区制管理的地方，要合理划分学区范围，将热点小学、初中分散至每个学区，确保各学区之间优质教育资源大致均衡。要结合实际，采取集团化办学、委托管理、强校带弱校等方式，扩大优质教育资源覆盖面。对于有空余学位的公办热点学校和报名人数超过招生人数的民办学校，在现有工作基础上，可以引导学校采取电脑随机派位方式招生。对于新入学的义务教育学生，要按照随机派位方式均衡编班。要逐步压缩特长生招生规模，直至2020年前取消各类特长生招生。

按照普职招生规模大体相当的原则，合理确定普通高中招生总体规模。

要严格规范普通高中学校自主招生办法和程序，自主招生一般安排在中考后进行，并严格控制比例。继续清理和规范中考加分项目，尚未全面取消体育、艺术等加分项目的地方，要从 2018 年初中起始年级开始执行。

严格落实"十项严禁"纪律。严禁无计划、超计划组织招生，招生结束后，学校不得擅自招收已被其他学校录取的学生；严禁自行组织或与社会培训机构联合组织以选拔生源为目的的各类考试，或采用社会培训机构自行组织的各类考试结果；严禁提前组织招生，变相"掐尖"选生源；严禁公办学校与民办学校混合招生、混合编班；严禁以高额物质奖励、虚假宣传等不正当手段招揽生源；严禁任何学校收取或变相收取与入学挂钩的"捐资助学款"；严禁义务教育阶段学校以各类竞赛证书、学科竞赛成绩或考级证明等作为招生依据；严禁义务教育阶段学校设立任何名义的重点班、快慢班；严禁初高中学校对学生进行中高考成绩排名、宣传中高考状元和升学率，教育行政部门也不得对学校中高考情况进行排名，以及向学校提供非本校的中高考成绩数据；严禁出现人籍分离、空挂学籍、学籍造假等现象，不得为违规跨区域招收的学生和违规转学学生办理学籍转接。

——以上见《教育部办公厅关于做好2018年普通中小学招生入学工作的通知》（教基厅〔2018〕5号），2018年2月12日

民大附中中考招生和高考录取工作应坚持公平竞争、公开透明的原则，切

实保障各民族学生切身利益，认真落实教育脱贫攻坚任务，重点招收培养西部地区特别是深度贫困地区少数民族学生。

民大附中招生对象为：初中三年户籍、学籍均在招生范围并实际就读的少数民族应届初中毕业生，特别是建档立卡贫困家庭学生。

民大附中每年跨区域招收少数民族学生规模控制在 500 人以内，其中面向"三区三州"的招生规模不低于 125 人。

民大附中中考招生工作纳入各地普

通高中统一报名、考试、招生管理，与当地示范性高中招生同批次录取，不再组织任何形式的单独考试、单独录取。

录取过程中，严格按分省（区、市）招生计划、结合考生报名情况，依据当地考试招生办法择优录取，不得超计划招生，不得在省际之间交叉调剂录取。除正常统一录取学生外，不得招收插班、择校、共建、借读、艺术体育特长等类型学生。不得以任何名义向学生、家长收取与招生挂钩的费用。

民大附中跨区域招收的少数民族学生按规定完成高中阶段学业后，参加高考统考招生的学生，毕业当年可在北京市参加高考，其高考报名、考试等相关工作由北京市考试招生部门具体组织实施。参加高校自主招生、综合评价招生、高水平艺术团、高水平运动队、艺术和体育类专业、运动训练和民族传统体育、高职分类招考等特殊类型考试招生的学生须返回原籍参加高考。

民大附中跨区域招收的少数民族应届高中毕业生，在取得北京市高中学籍并在北京市参加高考统考招生的，高考招生计划由教育部在"贫困地区民族专项"计划中单列安排并下达。北京市教育行政部门根据单列招生计划组织实施单独录取，未录取的学生返回原籍。

——以上见《教育部办公厅　国家民委办公厅　北京市人民政府办公厅关于印发〈中央民族大学附属中学跨区域招收少数民族学生工作管理规定（试行）〉的通知》（教民厅〔2018〕1号），2018年4月28日

八、教师队伍

强化研究生导师基本素质要求 *：政治素质过硬；师德师风高尚；业务素质精湛。

明确研究生导师立德树人职责**：提升研究生思想政治素质；培养研究生学术创新能力；培养研究生实践创新能力；增强研究生社会责任感；指导研究生恪守学术道德规范；优化研究生培养条件；注重对研究生人文关怀。

---

* 编者根据原文摘录整理。

** 同上。

健全研究生导师评价激励机制 *：完善评价考核机制；明确表彰奖励机制；落实督导检查机制。

　　——以上见《教育部关于全面落实研究生导师立德树人职责的意见》（教研〔2018〕1号），2018年1月17日

　　师德养成教育全面推进行动。

　　教师培养层次提升行动。

　　乡村教师素质提高行动。

　　师范生生源质量改善行动。

---

　　* 编者根据原文摘录整理。

改进完善教育部直属师范大学师范生免费教育政策，将"免费师范生"改称为"公费师范生"，履约任教服务期调整为 6 年。

积极推行初中毕业起点五年制专科层次幼儿园教师培养。部分办学条件好、教学质量高的高校师范专业实行提前批次录取。加大入校后二次选拔力度，鼓励设立面试考核环节，考察学生的综合素养和从教潜质，招收乐教适教善教的优秀学生就读师范专业。

"互联网+教师教育"创新行动。

教师教育改革实验区建设行动。

高水平教师教育基地建设行动。

教师教育师资队伍优化行动。

教师教育学科专业建设行动。

教师教育质量保障体系构建行动。

——以上见《教育部等五部门关于印发〈教师教育振兴行动计划（2018—2022 年）〉的通知》（教师〔2018〕2 号），2018 年 2 月11 日

正高级教师职称评审要体现培养教育家型教师的政策导向，由两部统一确

定指标数量，实行总量控制。评审通过的正高级教师中，担任学校和教研机构行政领导职务的不得超过 30%。中小学正高级教师职称评审结果年底前报两部备案，未经备案不予认可。

进一步推进城镇教师向乡村学校、薄弱学校流动，将中小学教师到乡村学校、薄弱学校任教一年以上经历作为申报高级教师职称的必要条件。同等条件下中、高级教师职称评审向"三区三州"等深度贫困地区倾斜，向农村教师倾斜。长期在农村和艰苦边远地区工作的中小学教师，职称评审放宽学历要求，不作论文、职称外语和计算机应用能力要求，提高实际工作年限的考核权重。"定向评价、定向使用"的基层中小学高级专业技术岗位实行总量控制、比例单列，不占各地专业技术高级结构比例。有条件的地方可建立农村和艰苦边远地区中小学教师职称评审委员会或评审组，进行单独评审。允许所教专业与所学专业或教师资格证专业不一致的教师参与职称评审，促进农村义务教育阶段一专多能教师专业发展。

2018 年度各省（区、市）中小学正高级教师指标数

序号	地区	指标数
1	北京	77
2	天津	43
3	河北	191

序号	地区	指标数
4	山西	105
5	内蒙古	68
6	辽宁	103
7	吉林	64
8	黑龙江	75
9	上海	59
10	江苏	197
11	浙江	145
12	安徽	135
13	福建	91
14	江西	128
15	山东	259
16	河南	261
17	湖北	132

序号	地区	指标数
18	湖南	157
19	广东	300
20	广西	113
21	海南	30
22	重庆	111
23	四川	201
24	贵州	116
25	云南	126
26	西藏	13
27	陕西	91
28	甘肃	80
29	青海	22
30	宁夏	20
31	新疆	83

序号	地区	指标数
32	兵团	8
合计		3604

——以上见《人力资源和社会保障部办公厅 教育部办公厅关于做好 2018 年度中小学教师职称评审工作的通知》（人社厅发〔2018〕93 号），2018 年 7 月 12 日

经过五年左右的努力，办好一批高水平、有特色的教师教育院校和师范专业，师德教育的针对性和实效性显著增强，课程体系和教学内容显著更新，以师范生为中心的教育教学新形态基本形成，实践教学质量显著提高，协同培养机制基本健全，教师教育师资队伍明显

优化，教师教育质量文化基本建立。到2035年，师范生的综合素质、专业化水平和创新能力显著提升，为培养造就数以百万计的骨干教师、数以十万计的卓越教师、数以万计的教育家型教师奠定坚实基础。

将"四有"好老师标准、四个"引路人"、四个"相统一"和"四个服务"等要求细化落实到教师培养全过程。

适应五类教育发展需求，分类推进卓越中学、小学、幼儿园、中等职业学校和特殊教育学校教师培养改革。

建设 200 门国家教师教育精品在线开放课程，推广翻转课堂、混合式教学等新型教学模式，形成线上教学与线下教学有机结合、深度融通的自主、合作、探究学习模式。

支持建设一批省级政府统筹，高等学校与中小学协同开展培养培训、职前与职后相互衔接的教师教育改革实验区。

积极推动医教联合培养特教教师，高校与行业企业、中等职业学校联合培养中职教师。

推动高校配足配优符合卓越教师培

养需要的教师教育师资队伍，在岗位聘用、绩效工资分配等方面，对学科课程与教学论教师实行倾斜政策。

制定实施省级"卓越教师培养计划2.0"。

——以上见《教育部关于实施卓越教师培养计划 2.0 的意见》（教师〔2018〕13号），2018 年 9 月 17 日

对高校教师师德失范行为实行"一票否决"。高校教师出现违反师德行为的，根据情节轻重，给予相应处理或处分。情节较轻的，给予批评教育、诫勉谈话、责令检查、通报批评，以及取消其在评奖评优、职务晋升、职称评定、

岗位聘用、工资晋级、干部选任、申报人才计划、申报科研项目等方面的资格。担任研究生导师的，还应采取限制招生名额、停止招生资格直至取消导师资格的处理。以上取消相关资格处理的执行期限不得少于 24 个月。情节较重应当给予处分的，还应根据《事业单位工作人员处分暂行规定》给予行政处分，包括警告、记过、降低岗位等级或撤职、开除，需要解除聘用合同的，按照《事业单位人事管理条例》相关规定进行处理。情节严重、影响恶劣的，应当依据《教师资格条例》报请主管教育部门撤销其教师资格。是中共党员的，同时给予党纪处分。涉嫌违法犯罪的，及时移送司法机关依法处理。

对高校教师的处理，在期满后根据悔改表现予以延期或解除，处理决定和处理解除决定都应完整存入个人人事档案。

——以上见《教育部关于高校教师师德失范行为处理的指导意见》（教师〔2018〕17号），2018 年 11 月 8 日

应予处理的（中小学*）教师违反职业道德行为如下：

（一）在教育教学活动中及其他场合有损害党中央权威、违背党的路线方

---

* 括号内文字为编者所加。

针政策的言行。

（二）损害国家利益、社会公共利益，或违背社会公序良俗。

（三）通过课堂、论坛、讲座、信息网络及其他渠道发表、转发错误观点，或编造散布虚假信息、不良信息。

（四）违反教学纪律，敷衍教学，或擅自从事影响教育教学本职工作的兼职兼薪行为。

（五）歧视、侮辱学生，虐待、伤害学生。

（六）在教育教学活动中遇突发事件、面临危险时，不顾学生安危，擅离职守，自行逃离。

（七）与学生发生不正当关系，有任何形式的猥亵、性骚扰行为。

（八）在招生、考试、推优、保送及绩效考核、岗位聘用、职称评聘、评优评奖等工作中徇私舞弊、弄虚作假。

（九）索要、收受学生及家长财物或参加由学生及家长付费的宴请、旅游、娱乐休闲等活动，向学生推销图书报刊、教辅材料、社会保险或利用家长资源谋取私利。

（十）组织、参与有偿补课，或为校外培训机构和他人介绍生源、提供相关信息。

（十一）其他违反职业道德的行为。

——《教育部关于印发〈中小学教师违反职业道德行为处理办法（2018 年修订）〉的通知》（教师〔2018〕18 号），2018 年 11 月 8 日

应予处理的（幼儿园*）教师违反职业道德行为如下：

————————

* 括号内文字为编者所加。

（一）在保教活动中及其他场合有损害党中央权威和违背党的路线方针政策的言行。

（二）损害国家利益、社会公共利益，或违背社会公序良俗。

（三）通过保教活动、论坛、讲座、信息网络及其他渠道发表、转发错误观点，或编造散布虚假信息、不良信息。

（四）在工作期间玩忽职守、消极怠工，或空岗、未经批准找人替班，利用职务之便兼职兼薪。

（五）在保教活动中遇突发事件、面临危险时，不顾幼儿安危，擅离职守，自行逃离。

（六）体罚和变相体罚幼儿，歧视、侮辱幼儿，猥亵、虐待、伤害幼儿。

（七）采用学校教育方式提前教授小学内容，组织有碍幼儿身心健康的活动。

（八）在入园招生、绩效考核、岗位聘用、职称评聘、评优评奖等工作中徇私舞弊、弄虚作假。

（九）索要、收受幼儿家长财物或

参加由家长付费的宴请、旅游、娱乐休闲等活动，推销幼儿读物、社会保险或利用家长资源谋取私利。

（十）组织幼儿参加以营利为目的的表演、竞赛活动，或泄露幼儿与家长的信息。

（十一）其他违反职业道德的行为。

教师受处分期间暂缓教师资格定期注册。依据《中华人民共和国教师法》第十四条规定丧失教师资格的，不能重新取得教师资格。

教师受记过以上处分期间不能参加

专业技术职务任职资格评审。

——以上见《教育部关于印发〈幼儿园教师违反职业道德行为处理办法〉的通知》（教师〔2018〕19号），2018年11月8日

九、教育经费

调整优化财政支出结构，优先落实教育投入，保证国家财政性教育经费支出占国内生产总值比例一般不低于 4%，确保一般公共预算教育支出逐年只增不减，确保按在校学生人数平均的一般公共预算教育支出逐年只增不减。在继续保持财政教育投入强度的同时，积极扩大社会投入。

学校建设要合理布局，防止出现"空壳学校"。严格执行义务教育法，坚持实行九年义务教育制度，严禁随意扩大免费教育政策实施范围。

巩固完善城乡统一、重在农村的义务教育经费保障机制，逐步实行全国统一的义务教育公用经费基准定额。落实对农村不足 100 人的小规模学校按 100 人拨付公用经费和对寄宿制学校按寄宿生年生均 200 元标准增加公用经费补助政策，单独核定并落实义务教育阶段特殊教育学校和随班就读残疾学生公用经费，确保经费落实到学校（教学点），确保学校正常运转。

健全中小学教师工资长效联动机制，核定绩效工资总量时统筹考虑当地公务员工资收入水平，实现与当地公务员工资收入同步调整，确保中小学教师平均工资收入水平不低于或高于当地公务员平均工资收入水平，使教师能够安心在岗从教。

财政教育经费着力向深度贫困地区和建档立卡等家庭经济困难学生倾斜。

——以上见《国务院办公厅关于进一步调整优化结构提高教育经费使用效益的意见》（国办发〔2018〕82号），2018年8月17日

十、其他

2018 年起，新增临床医学、中医硕士专业学位研究生招生计划重点向全科等紧缺专业倾斜。

——《国务院办公厅关于改革完善全科医生培养与使用激励机制的意见》（国办发〔2018〕3 号），2018 年 1 月 14 日

将普通话普及率的提升纳入地方扶贫部门、教育部门扶贫工作绩效考核，列入驻村干部和驻村第一书记的主要工作任务，力求实效。

综合人口、经济、教育、语言等基础因素和条件保障，聚焦普通话普及率低的地区和青壮年劳动力人口，将普通话学习掌握情况记入贫困人口档案卡，消除因语言不通而无法脱贫的情况发生。

具体措施*：（一）组织开展青壮年农牧民普通话培训。（二）同步推进职业技术培训与普通话推广。（三）切实发挥公务员的表率作用。（四）大力加强学校语言文字工作。（五）严把教师语言关。（六）加强普通话培训资源和培训能力建设。（七）加强对口地区语言文字工作支援。（八）积极发挥各

---

* 编者根据原文摘录整理。

方面力量。（九）加强督导检查。

　　——以上见《教育部　国务院扶贫办　国家语委关于印发〈推普脱贫攻坚行动计划（2018—2020 年）〉的通知》（教语用〔2018〕1 号），2018 年 1 月 15 日

2018 年综合类重大教育政策综述

王学男

2018 年是贯彻党的十九大精神的开局之年，是改革开放 40 周年，是决胜全面建成小康社会、实施"十三五"规划承上启下的关键之年，是教育系统实施"奋进之笔"的进取之年。这一年中，国家针对教育脱贫、乡村振兴、教育信息化和评价改革等方面颁布了一系列重大综合政策，凸显出总体规划与教育政策相互支撑的重要作用，为各级各类教育政策的制订与实施指明了方向。

2018 年，国家层面的综合类教育政策关键词主要有扶贫、乡村振兴、教育信息化 2.0、评价改革等。

一、瞄准深度贫困地区，实施精准教育脱贫攻坚

教育部、国务院扶贫办联合印发了《深度贫困地区教育脱贫攻坚实施方案（2018—2020 年）》，提出重点攻克"三区三州"贫困堡垒。教育部印发了《教育系统扶贫领域作风问题专项治理实施方案》，按照《国务院扶贫开发领

导小组关于开展扶贫领域作风问题专项治理的通知》（国开发〔2017〕10号）要求，将2018年作为脱贫攻坚作风建设年，在全教育系统开展扶贫领域作风问题专项治理。教育部等六部门发布《关于做好家庭经济困难学生认定工作的指导意见》，在精准扶贫的理念指导下，不断健全学生资助制度，进一步提高学生资助精准度，确保资助政策有效落实。

2018年，脱贫已经进入攻坚的最后阶段，教育扶贫作为精准扶贫的治本之策，也不断发展转型。扶贫范围更加聚焦"深度贫困地区"，重点攻克"三区三州"；在扶贫工作机制上，更加强调调动社会力量，形成合力共同扶贫，建构大扶贫格局，健全东西部协作的多元机制。* 陈宝生部长在全国教育工作会议上指出，2018 年，还要组织开展加快中西部教育发展工作督导评估监测，各地应抓紧制定工作措施。这项工作的具体实施由中国教育科学研究院承担。

二、推进乡村振兴战略，乡村教育须先行

中共中央、国务院印发了《乡村振兴战略规划（2018—2022 年）》，其中，对农村学前教育、中小学教育、高

---

* 吴霓，王学男. 党的十八大以来教育扶贫政策的发展特征 [J]. 教育研究，2017 (9)：4-11.

中阶段教育都做了相应安排，研究出台了一系列更有力、更有针对性的措施[*]，进一步解决城镇化进程中乡村发展的短板问题，将乡村发展放在与城市发展同等重要的位置，同步发展。

国务院办公厅印发《关于全面加强乡村小规模学校和乡镇寄宿制学校建设的指导意见》，聚焦乡村教育的"两类学校"问题，努力让乡村小规模学校小而优、小而美。

---

[*] 新闻办就《乡村振兴战略规划（2018—2022年）》有关情况举行新闻发布会 [EB/OL]. (2018-09-29) [2019-03-18]. http://www.gov.cn/xinwen/2018-09/29/content_5326689.htm#1.

三、指向教育信息化 2.0，从外延向内涵升级

教育部独立或联合其他部委相继印发了《教育部办公厅关于印发〈教育部机关及直属事业单位教育数据管理办法〉的通知》《教育部办公厅关于印发〈2018 年教育信息化和网络安全工作要点〉的通知》《教育部办公厅关于利用管理信息系统做好〈义务教育学校管理标准〉实施推进工作的通知》《教育部关于同意宁夏建设"互联网+教育"示范省（区）的函》《教育部办公厅 工业和信息化部办公厅关于开展学校联网攻坚行动的通知》，从数据管理、信息安全、应用试点等不同维度为推动教育

信息化转段升级提供支撑。

如果说教育信息化 1.0 是引入外部变量，那么 2.0 就是要把外部变量转化成内生变量，具体要实现以下几个方面的转变：（1）教育资源观转变，从知识资源数字化、平面资源立体化，转向教育大资源开放共享，从"专用资源服务"向"大资源服务"转变；（2）技术素养观转变，从技术应用能力转向信息素养能力；（3）教育技术观转变，从停留在学习环境中向嵌入学习系统中转变；（4）发展动力观转变，从应用向创新转变；（5）教育治理观转变，从补救型治理向预判型治理、治理现代化转变；（6）思维类型观转变，从工具型思维转向人工智能思维。*

四、以"破五唯"为突破口，推进人才评价理念与标准科学改革

评价改革自上而下全方位铺开。一方面是对行政管理的评价改革，注重可量化与可操作；一方面是对人才的评价改革，弱化过度量化的指标和称号等。

国务院教育督导委员会办公室印发了《〈对省级人民政府履行教育职责的评价办法〉实施细则》，并研制了对省

---

* 根据 2018 年 4 月 17 日上海市电化教育馆馆长张治在新技术支持未来教育展示观摩活动上的发言整理归纳而成。

级人民政府履行教育职责评价的测评体系，这是新时期进一步推进管办评分离，督促政府切实履行教育职责，优先发展教育事业的重要手段与路径。

中共中央办公厅、国务院办公厅印发了《关于分类推进人才评价机制改革的指导意见》，提出了分类推进人才评价机制改革的指导意见，并将分类推进人才评价机制改革列入中央全面深化改革的重点工作任务。制定《关于分类推进人才评价机制改革的指导意见》，就是要通过深化改革，破除思想观念和体制机制障碍，以分类评价为基础，加快形成导向明确、精准科学、规范有序、竞争择优的科学化、社会化人才评价机制，最大限度激发和释放各类人才活力，让人才放开手脚创新创造，多出创新思想，多出创新成果，促进人才更多更好成长起来。*

2018 年 11 月，教育部办公厅发布《关于开展清理"唯论文、唯帽子、唯职称、唯学历、唯奖项"专项行动的通知》，这是教育部为扭转高等教育不科学评价导向而采取的进一步举措，在"四唯"的基础上新增了对"唯帽子"的治理。该文件要求各有关高校认真梳理本校涉及项目评审、人才评价、机构

---

*　人社部就《关于分类推进人才评价机制改革的指导意见》答问［EB/OL］.（2018-03-02）［2019-03-18］. http：//www. scio. gov. cn/xwfbh/gbwxwfbh/xwf-bh/rizyhshbzb/Document/1624373/1624373. htm.

评估事项，如职务职称晋升、项目基地评审、重点建设学科确定、人才培养指标分配等方面。

2018 年基础教育重大政策综述

吴景松

2018 年，我国基础教育改革迈入攻坚阶段，政策制定从宏观战略指导转向兼重微观的教育实践领域。政策重心凸显出素质教育的重要性，从学校布局调整、减负、课改、APP 等方面入手，使得政策功能更加贴近家长和学生的需求，更有利于推动基础教育深化改革，从而实现提质增效的战略目标。

2018 年 2 月，教育部办公厅等四部门出台了《关于切实减轻中小学生课外负担开展校外培训机构专项治理行动的通知》。此后，《国务院办公厅关于全面加强乡村小规模学校和乡镇寄宿制学校建设的指导意见》与《教育部关于做好普通高中新课程新教材实施工作的指导意见》相继出台，启动了薄弱校布局调整与高中课程改革，直接切入民生工程，着力提升人民群众的教育获得感。

一、减轻学生负担，提升义务教育质量

为切实减轻学生负担，教育部确定了"标本兼治、内外联动、疏堵结合、积极稳妥"的工作思路，分两步走，先开展专项治理再建立长效机制。2018年2月，教育部会同民政部等联合印发《关于印发中小学生减负措施的通知》，

出台中小学生减负 30 条，从学校、校外培训机构、家庭、政府四个方面明确减负责任；制定了面向中小学生的全国性竞赛活动管理办法，明确申请认定、组织举办和日常监管措施，建立竞赛监管长效机制；充分发挥学校课后服务主渠道作用，推动义务教育阶段学校有效解决"课后三点半"问题。截至 2018 年底，已有 13 个省份出台了课后服务实施办法，24 个大城市总体上有近七成的小学开展了课后服务，切实缓冲学生参加校外培训的压力。*

---

* 董鲁皖龙. 以"奋进之笔"答好人民"关切题"：2018 年教育部深入实施"奋进之笔"综述 [N]. 中国教育报，2019-01-25 (1).

2018 年 8 月，国务院出台了《关于规范校外培训机构发展的意见》，这是第一个从国家层面规范校外培训机构发展的重要文件，抓住了规范校外培训机构的核心环节，提出了明确设置标准、依法审批登记、规范培训行为、强化监督管理等具体措施，构建了规范校外培训机构发展的总体制度框架。此外，有关部门相继发布《关于切实减轻中小学生课外负担开展校外培训机构专项整治行动的通知》与《关于开展幼儿园"小学化"专项治理工作的通知》，严禁校外培训机构组织中小学生等级考试及竞赛，确保实现中小学零起点教学目标。

二、深入推进高中课程改革，落实立德树人根本任务

考试招生制度牵一发而动全身，其中关键在教材。为推进高中育人方式的转变，2018 年教育部出台了《关于做好普通高中新课程新教材实施工作的指导意见》。该文件指出，普通高等学校招生全国统一考试，省级教育行政部门要完善教学组织管理制度和学分认定办法，学校要制定具体的学分认定办法。同步开展新课程全员培训，使广大校长、教师对普通高中新课程的新精神、新要求有更深入理解，从而为下一步使用新课程、新教材奠定扎实基础。

三、优化学校布局调整，促进教育公平

　　薄弱学校的改进是农村义务教育的基本保障，是国家重要的民生工程。2018 年 4 月，国务院办公厅印发《关于全面加强乡村小规模学校和乡镇寄宿制学校建设的指导意见》，提出统筹布局规划、改善办学条件、加强师资建设等 6 个方面的具体措施。2018 年，教育部聚焦以上两类学校基本办学条件，集中攻坚，实现全国 832 个贫困县的 10.3 万所义务教育学校办学条件达到"底线要求"，占比达 94.7%，农村学校面貌得

到显著改善。[*]

为了扩大普惠性学前教育资源，政府公共教育服务水平不断增强。2018 年 11 月 15 日，中共中央、国务院发布《关于学前教育深化改革规范发展的若干意见》，提出到 2020 年，学前三年毛入园率达到 85%，普惠性幼儿园覆盖率达到 80%，全国公办园在园幼儿占比原则上达到 50%，基本建成广覆盖、保基本、有质量的学前教育公共服务体系。

---

[*] 董鲁皖龙. 以"奋进之笔"答好人民"关切题"：2018 年教育部深入实施"奋进之笔"综述［N］. 中国教育报，2019-01-25（1）.

四、关爱儿童青少年，营造良好育人环境

2018 年，国务院和教育部相继出台了《国务院教育督导委员会办公室关于开展中小学生欺凌防治落实年行动工作进展情况的通报》《关于进一步加强中小学（幼儿园）安全工作的紧急通知》《教育部办公厅关于进一步加强中小学（幼儿园）预防性侵害学生工作的通知》等文件。其中"预防性侵害"成为社会热词。这些文件的出台是对校内弱势群体——学生的最好呵护。文件要求落实对校长、教师和职工从业资格的有关规定，加强对临时聘用人员的准入审查，坚决清理和杜绝不合格人员进入学

校工作岗位，严禁聘用受到剥夺政治权利人员或者因故意犯罪受到有期徒刑以上刑事处罚人员担任教职员工。把师德教育、法治教育纳入教职员工培训内容及考核范围，与当地公安、检察机关建立协调配合机制，对于实施性骚扰、性侵害学生行为的教职员工，及时依法予以处理。

五、对 APP 加强监管，合理应用技术

伴随着信息技术在教育领域的广泛使用，为防范各类不良 APP 给学生带来负面影响，2018 年 12 月，《教育部办公厅关于严禁有害 APP 进入中小学校园的

通知》出台。该文件要求各地建立学习类 APP 进校园备案审查制度，按照"凡进必审""谁选用谁负责""谁主管谁负责"的原则建立"双审查"责任制。学校首先要把好选用关，严格审查 APP 的内容及链接、应用功能等，并报上级教育主管部门备案审查同意。凡发现包含色情暴力、网络游戏、商业广告等内容及链接，或利用抄作业、搞题海、公布成绩排名等应试教育手段增加学生课业负担的 APP，要立即停止使用，退订相关业务，卸载 APP，取消关注有关微信公众号，坚决杜绝有害 APP 侵蚀校园。

2018 年职业教育与继续教育
重大政策综述

王少芳

党的十八大以来，以习近平同志为核心的党中央格外关心残疾人和贫困群体接受教育的问题。习近平总书记指出："全面建成小康社会，残疾人一个也不能少。"职业教育作为与普通教育并列且具有同等重要地位的一种教育类型，是我国实现全面小康和教育现代化的有机组成部分。2018 年，党和国家采取了一系列措施保障残疾人和贫困群体接受职业教育，同时就深入推进职业学校的校企合作出台了促进办法。

2018 年职业教育相关政策的关键词有残疾人职业教育、建档立卡贫困生资助、校企合作等。

2018 年，《教育部等四部门关于加快发展残疾人职业教育的若干意见》《教育部办公厅关于做好 2018 年中等职业学校招生工作的通知》《教育部等六部门关于印发〈职业学校校企合作促进办法〉的通知》发布，对残疾人职业教育、贫困家庭学生接受中等职业教育、职业学校校企合作做出了系统部署和安排。

一、加快发展残疾人职业教育

《教育部等四部门关于加快发展残疾人职业教育的若干意见》是首个针对残疾人职业教育发布的国家文件。该文件从促进教育公平、推进基本实现教育现代化，让残疾人更好融入社会、平等享有人生出彩的机会，阻断贫困代际传递、加快残疾人小康进程的高度上明确了加快发展残疾人职业教育的重要意义；从扩大教育机会、改进办学条件、提高教育质量、加强就业指导和援助等方面对加快发展残疾人职业教育做出了部署。

二、加大对建档立卡贫困生的资助力度

贫困家庭学生接受中等职业教育获资助。《教育部办公厅关于做好 2018 年中等职业学校招生工作的通知》要求，"对到东部地区接受中等职业教育的建档立卡贫困家庭学生，西部地区省份从财政扶贫资金中按照每生每年 3000 元左右的标准给予资助；东部地区省份从东西扶贫协作财政援助资金中按照每生每年不少于 1000 元的标准给予资助，用于学生的交通、住宿、课本教材、服装等方面费用"。该文件明确了对接受中等职业教育贫困家庭学生的资助力度和政府责任，为高中阶段普及攻坚行动提供

了有力支持，为推动普通高中和中等职业教育协调发展提供了助力。

三、深入推进校企合作

校企合作是职业教育发展的必由之路，也是我国职业教育要重点攻克的难题。《教育部等六部门关于印发〈职业学校校企合作促进办法〉的通知》为破解这一难题开出了良方。《职业学校校企合作促进办法》明确提出"校企合作实行校企主导、政府推动、行业指导、学校企业双主体实施的合作机制"。从政府主导到校企主导是一项重大的政策变革，职业教育校企合作进入了一个新的时代。该办法对职业学校校企合作的形式和措施进行了全面的规定。如在合作形式方面，提出根据就业市场需求，合作设置专业，研发专业标准，开发课程体系，合作制定人才培养或职工培训方案，实现人员互相兼职。在促进措施方面，提出职业学校应当吸纳合作关系紧密、稳定的企业代表加入理事会（董事会），参与学校重大事项的审议；职业学校可在教职工总额中安排一定比例或者通过流动岗位等形式，面向社会和企业聘用经营管理人员、专业技术人员、高技能人才等担任兼职教师。

2018 年高等教育重大政策综述
（一）

王 帅

2018 年，高等教育战线紧紧围绕立德树人中心任务，出台了一系列政策举措，奋力开创新时代高等教育新局面，开辟新时代高等教育新境界。

深化高等教育改革发展相关政策的关键词主要包括：人工智能、高校党建、师范生公费教育、"双一流"建设、高水平本科教育、高层次人才队伍建设等。

一、开启高等学校人工智能创新行动计划

2018 年 4 月 2 日，教育部印发了《高等学校人工智能创新行动计划》，从优化高校人工智能科技创新体系、完善人工智能领域人才培养体系、推动高校人工智能领域科技成果转化与示范应用三个方面，提出了若干项重点任务和推进举措。出台该文件是贯彻落实党中央、国务院关于人工智能发展部署的重要举措，为支持高校提升人工智能领域科技创新、人才培养和服务国家需求等能力提供了有力指导，有利于引导高校优化创新型人才培养，为我国人工智能发展提供科技和人才支撑，推动我国占

据人工智能科技制高点。

二、优化强化新时代高校党建和思想政治教育工作

4月12日，教育部印发了《新时代高校思想政治理论课教学工作基本要求》，从严格落实学分、合理安排教务、规范建设教研室（组）、严肃课堂教学纪律、改进完善考核方式、强化科研支撑教学等十余个方面，要求高校把思想政治理论课教学工作摆在更加突出的位置，更加重视加强和改进教学管理，更加重视提升教学质量，进一步巩固马克思主义在高校意识形态领域的指导地位，培养担当民族复兴大任的时代新人。

5月22日，中共教育部党组印发了《关于高校党组织"对标争先"建设计划的实施意见》，将新时代党的建设总要求融入高校党组织建设各项工作，提出实施"十百千万"工程，计划以两年为一个周期，面向全国高校培育创建10所党建工作示范高校、100个党建工作标杆院系、1000个党建工作样板支部，培训万名基层党组织书记。同日，中共教育部党组还印发了《关于高校教师党支部书记"双带头人"培育工程的实施意见》，明确了"双带头人"教师党支部书记的选任标准、选任方式、重点任务、培养教育、示范引领等五个方面的任务要求，成为加强高校教师思想政治工作、建设高素质教师队伍的重要举措。

7月4日，教育部办公厅印发了《关于开展新时代高校党建示范创建和质量创优工作的通知》，提出"面向全国普通高等学校党委（含高职高专院校、民办高校）及其院（系）党组织、基层党支部"开展新时代高校党建"双创"工作，以便充分发挥品牌创建、典型引领作用，调动激发各地各高校创建基层先进党组织的积极性、主动性和创造性，推动全国高校党建质量全面创优全面提升。

三、实施部属师范大学师范生公费教育

7 月 30 日，国务院办公厅转发教育部、财政部、人力资源社会保障部、中央编办等部门《教育部直属师范大学师范生公费教育实施办法》，从选拔录取、履约任教、激励措施、条件保障等方面对部属师范大学师范生公费教育政策作了系统全面的规定，确立了师范生公费教育制度，标志着我国师范生"免费教育"升级为新时代"公费教育"，有利于吸引更多的优秀人才从教，培养大批有理想信念、有道德情操、有扎实学识、有仁爱之心的"四有"好教师。

四、加快高等学校"双一流"建设

8月8日，教育部、财政部、国家发展改革委联合印发《关于高等学校加快"双一流"建设的指导意见》，深入贯彻落实党的十九大精神和习近平总书记在北京大学考察时的重要讲话精神，对高校落实"双一流"建设总体方案和实施办法提出具体指导，进一步明确建设高校的责任主体、建设主体、受益主体地位，引导高校深化认识、转变理念，走内涵发展道路，全面提高人才培养能力，提升我国高等教育整体水平。

五、加快建设高水平本科教育

9 月 17 日，教育部印发《关于加快建设高水平本科教育全面提高人才培养能力的意见》（简称"新时代高教 40 条"），强调本科教育是提高高等教育质量的最重要基础。必须坚持"以本为本"，全面推进"四个回归"（回归常识、回归本分、回归初心、回归梦想），针对高水平本科教育建设的重点难点问题，提出系列创新举措，包括加强思想政治教育、深化教学改革、提高教师教书育人能力、推进一流专业建设、推进现代信息技术与教育教学深度融合、深化协同育人机制、加强大学质量文化建设、强化主体责任等。

六、加强新时代教育系统高层次人才队伍建设

9月21日，中共教育部党组印发了《"长江学者奖励计划"管理办法》，适应新时代高等教育发展的任务要求，对"长江学者奖励计划"作出了调整完善。该文件对长江学者岗位设置、申报遴选、评审评价、管理使用等各个环节进行了规定，突出了政治引领、立德树人、需求导向、依法管理、选用并重，将"坚持正确政治方向"作为"长江学者"人选的首要条件，将立德树人作为"长江学者"的首要职责。

2018 年高等教育重大政策综述

（二）

朱富言

2018 年，我国高等教育取得了辉煌的成就，高等教育领域若干重大政策、重大改革事项相继出台，推动了高等教育高质量发展。

2018 年，高等教育政策领域的关键词有高水平本科教育、招生、师范生就业等。

一、实施"六卓越一拔尖"计划，加快建设高水平本科教育

为深入学习贯彻全国教育大会精神，贯彻落实习近平总书记关于教育的重要论述，加快形成高水平人才培养体系，2018年9月，教育部决定实施"六卓越一拔尖"计划2.0。"六卓越"具体指卓越工程人才、卓越法治人才、卓越新闻传播人才、卓越医生、卓越农林人才、卓越教师，"一拔尖"指基础学科拔尖学生。

2018年9月，教育部印发《关于加快建设高水平本科教育全面提高人才培养能力的意见》（简称"新时代高教40

条"），并配套实施"六卓越一拔尖"计划2.0，即《教育部　工业和信息化部　中国工程院关于加快建设发展新工科实施卓越工程师教育培养计划2.0的意见》《教育部　国家卫生健康委员会　国家中医药管理局关于加强医教协同实施卓越医生教育培养计划2.0的意见》《教育部　农业农村部　国家林业和草原局关于加强农科教结合实施卓越农林人才教育培养计划2.0的意见》《教育部　中央政法委关于坚持德法兼修实施卓越法治人才教育培养计划2.0的意见》《教育部　中共中央宣传部关于提高高校新闻传播人才培养能力实施卓越新闻传播人才教育培养计划2.0的意见》《教育部关于实施卓越教师培养计划 2.0 的意见》《教育部等六部门关于实施基础学科拔尖学生培养计划 2.0 的意见》等文件。

"六卓越一拔尖"计划 2.0 在系列卓越拔尖人才教育培养计划 1.0 的基础上，通过拓围、增量、提质、创新，扩大了各个计划的实施范围，增强了各项改革举措的力度，提升了改革发展的质量内涵，探索了人才培养的新模式。

二、精准施策高校选才，深化考试招生制度改革

我国即将进入高等教育普及化阶段，需要深化考试招生制度改革，进一

步探索和完善评价人才的办法，进一步增强高校选才的科学性和公平性，促进人才合理分流、配置。

2018 年，国家在高校选才方面出台了一系列新举措。

一是完善高校自主招生工作。2018年 12 月 29 日，教育部办公厅印发《关于做好 2019 年高校自主招生工作的通知》，从招生政策、招生程序、加强监管等方面提出了规范高校自主招生的"十严格"要求，要求"在上一年录取人数基础上适度压缩招生名额，合理确定参加高校考核和具备入选资格的考生人数，提高人才选拔质量，宁缺毋滥"，进一步增强高校选才的科学性和公平性。

二是做好特殊类型招生工作。2018年12月27日，教育部办公厅发布《关于做好2019年普通高等学校部分特殊类型招生工作的通知》，要求进一步提高相关考生的专项测试要求和文化课成绩录取要求。

三是加强港澳台研究生招生报考工作管理。对港澳台研究生招生报考工作的管理体制、报考资格、考试招生及学习方式、学费及奖学金政策等进行了详细规定，规范招考管理。

以上政策的制定发布与实施，围绕科学选才、提高质量、促进公平这个核心和关键，使人才选拔标准更加全面，方式更加科学，保证较高的信度和效度，注重提升考试的区分度，更好地适应国家经济和社会发展对多样化高素质人才的需要。

三、改进就业服务，确保公费师范生全部落实岗位

为鼓励优秀人才从教，健全师范生公费教育制度，2018 年 12 月 21 日，教育部办公厅发布《关于做好 2019 届教育部直属师范大学公费师范毕业生就业工作的通知》，要求加强公费师范生就

业教育，改进就业服务，通过优先利用空编接收等办法，保障符合就业条件的公费师范生全部落实任教学校并入编入岗，确保 2019 年 5 月底前 90% 的公费师范生通过双向选择落实任教学校，2019 年 6 月底前全部落实任教学校。

2018 年民办教育重大政策综述

罗　媛

党的十九大报告提出，支持和规范社会力量兴办教育。这是新时代发展中国特色社会主义民办教育的明确要求，对于激励社会力量兴办教育、促进民办教育有序健康发展有重要意义。

2018 年，支持和规范民办教育的关键词主要有规范、治理、校外培训、民办园。

2018 年 7 月 6 日，习近平总书记主持召开中央全面深化改革委员会第三次会议，会议审议通过了《关于规范校外培训机构发展的意见》《关于学前教育深化改革规范发展的若干意见》等重要文件，强调要规范校外培训机构发展和推动学前教育包括民办幼儿园的规范发展，对于构建民办教育长效管理机制具有重要意义。

一、开展校外培训机构专项治理，减轻中小学生课外负担

2018年2月，教育部等四部门出台了《关于切实减轻中小学生课外负担开展校外培训机构专项治理行动的通知》。同年11月，教育部等三部门印发了《关于健全校外培训机构专项治理整改

若干工作机制的通知》，严令禁止校外培训机构"超纲教学""提前教学""强化应试"，严令禁止将校外培训机构培训结果与中小学校招生入学挂钩，严令禁止中小学教师课上不讲、课后到校外培训机构讲等行为，开启了一场以减轻中小学生课外负担为目的、规范校外培训机构的治理行动。

二、建立校外培训机构规范发展的长效管理机制

2018年8月，国务院办公厅印发《关于规范校外培训机构发展的意见》，以促进校外培训机构健康有序发展为目的，着力破解审批、监管等难题。这是

对校外培训机构进行规范管理的政策依据和制度保障，从政策内容上看主要在以下几方面有突破。

1. 在培训机构设置标准方面提出了底线要求

在场所条件方面，要求校外培训机构必须有符合安全条件的固定场所，同一培训时段内生均面积不低于 3 平方米；在师资条件方面，要求校外培训机构必须有相对稳定的师资队伍，不得聘用中小学在职教师，且从事学科知识培训的教师必须具有相应的教师资格；在管理条件方面，要求校外培训机构必须做到党的建设同步谋划、党的组织同步设置、党的工作同步开展，确保正确的办学方向。

2. 明确校外培训机构审批登记实行属地化管理，严格执行"先证后照"

针对当前不少机构证照不全、脱离监管的现状，《关于规范校外培训机构发展的意见》提出要"先证后照"，要求"校外培训机构必须经审批取得办学许可证后，登记取得营业执照（或事业单位法人证书、民办非企业单位登记证书），才能开展培训"。同时明确提出校外培训机构审批登记实行属地化管理，县级教育部门负责审批颁发办学许可证。

3. 细化培训安排，完善日常监管

《关于规范校外培训机构发展的意见》从校外培训的核心环节入手，对培训的内容、时间、班次、进度、形式、宣传、收费等都提出了明确要求。同时要求各地完善日常监管。一方面，对校外培训机构证照实行年检和年度报告公示制度；另一方面，全面推行黑白名单和负面清单管理制度。对通过审批登记的机构，在政府网站上公布机构名单和主要信息，将有负面清单所列行为的机构列入黑名单。

三、规范发展民办幼儿园，维护学前教育公益性

2018 年 11 月 7 日，《中共中央　国务院关于学前教育深化改革规范发展的若干意见》对于社会资本在学前教育领域的过度逐利行为作出限制和规范，有利于填补制度空白，堵住监管漏洞，维护社会公平和学前教育的公益普惠性，对于促进民办学前教育的规范发展、满足人民群众对学前教育的需求、解决入园难和入园贵问题具有十分重要的现实意义。从政策内容上看，该文件主要在以下方面有所突破。

1. 坚决遏制部分民办幼儿园的过度逐利行为

《中共中央　国务院关于学前教育深化改革规范发展的若干意见》主要从办园方向、办园行为上对民办幼儿园进行规范，明确规定"社会资本不得通过兼并收购、受托经营、加盟连锁、利用可变利益实体、协议控制等方式控制国有资产或集体资产举办的幼儿园、非营利性幼儿园"。同时规定"民办园一律不准单独或作为一部分资产打包上市。上市公司不得通过股票市场融资投资营利性幼儿园，不得通过发行股份或支付现金等方式购买营利性幼儿园资产"。

2. 分类治理无证办园

《中共中央 国务院关于学前教育深化改革规范发展的若干意见》提出，"各地要将无证园全部纳入监管范围，建立工作台账，稳妥做好排查、分类、扶持和治理工作。加大整改扶持力度，通过整改扶持规范一批无证园，达到基本标准的，颁发办园许可证"。这一政策通过分类扶持、分类治理，妥善解决了无证园的合法身份问题，有利于促进民办幼儿园的规范管理。

2018 年体育卫生与艺术教育
重大政策综述

黄 颖

2018 年，体育卫生与艺术教育工作坚持健康第一的教育理念，立足新时代，出台了一系列相关落实文件和改革举措。

2018 年，体育卫生与艺术教育相关政策的关键词主要有校园足球、近视防控、奥林匹克教育等。

一、推进校园足球工作的质量管理和规范要求

为切实加强全国青少年校园足球特色学校建设质量管理与考核，进一步规范全国青少年校园足球改革试验区和全国青少年校园足球试点县（区）申报和建设工作，教育部办公厅印发了《关于加强全国青少年校园足球特色学校建设质量管理与考核的通知》《全国青少年校园足球改革试验区基本要求（试行）》《全国青少年校园足球试点县（区）基本要求（试行）》。

《关于加强全国青少年校园足球特色学校建设质量管理与考核的通知》明

确各省级青少年校园足球工作领导小组办公室负责本地区校园足球特色学校建设质量的日常指导和监管，明确校园足球特色学校的校长是强化校园足球特色学校质量建设的第一责任人，要求切实强化校园足球特色学校管理，接受社会监督。全国青少年校园足球工作领导小组办公室决定取消8所学校的全国青少年校园足球特色学校资格，责令29所全国青少年校园足球特色学校限期整改。《全国青少年校园足球改革试验区基本要求（试行）》指出，推广校园足球要坚持普及与提高质量并重，进一步下移普及重心，积极将足球运动向幼儿园延伸。《全国青少年校园足球试点县（区）基本要求（试行）》指出，全国青少年校园足球试点县（区）所在地党委和人民政府要加强对校园足球工作的组织领导、统筹和协调，将校园足球工作纳入县（市、区）经济社会发展规划和年度工作要点并严格落实。区域内的全国青少年校园足球特色学校数应占本地区中小学总数的60%以上。

二、加强儿童青少年近视防控工作

为贯彻落实习近平总书记关于我国学生近视问题的重要指示精神，切实加强新时代儿童青少年近视防控工作，教育部会同国家卫生健康委员会等八部门制定了《综合防控儿童青少年近视实施方案》，提出了"到2023年，力争实现全国儿童青少年总体近视率在 2018 年的基础上每年降低 0.5 个百分点以上，近视高发省份每年降低 1 个百分点以上。到 2030 年，实现全国儿童青少年新发近视率明显下降，儿童青少年视力健康整体水平显著提升，6 岁儿童近视率控制在 3% 左右，小学生近视率下降到 38% 以下，初中生近视率下降到 60% 以下，高中阶段学生近视率下降到 70% 以下，国家学生体质健康标准达标优秀率达 25% 以上"的目标。同时还明确了家庭、学校、医疗卫生机构、学生、政府相关部门应采取的防控措施。

三、推动奥林匹克教育，启动卫生条例修订

为推动奥林匹克教育全面开展，大力推广普及青少年冬季运动，2018 年 1 月，教育部、国家体育总局、北京冬奥组委印发《北京 2022 年冬奥会和冬残奥会中小学生奥林匹克教育计划》，将奥林匹克教育纳入学校常规教育教学工作，鼓励各地方开设冰雪运动特色学校。该文件指出，"2020 年，全国中小学校园冰雪运动特色学校达到 2000 所，2025 年达到 5000 所"。此外，教育部还印发通知，启动修订《学校卫生工作条例》工作，结合当前和今后一个时期学校卫生与健康教育工作的规律、发展趋

势以及面临的新形势、新问题、新任务，汇总各省级教育行政部门和部属各高等学校的修订意见，在充分调研和论证基础上，组织专家修订《学校卫生工作条例》。

2018 年招生考试重大政策综述

郑程月

考试招生制度是我国的基本教育制度。党的十八届三中全会对考试招生制度改革作出了全面部署。新中国成立至今，我国考试招生制度不断改进完善，初步形成了相对完整的考试招生制度体系，为学生成长、国家选才、社会公平作出了历史性贡献，对提高教育质量、提升国民素质、促进社会纵向流动、服务国家现代化建设发挥了不可替代的重要作用。这一制度总体上符合我国国情，具有权威性、公平性。2018 年，我国积极稳妥推进各级各类考试招生制度改革，取得了重要的阶段性成果和历史性突破。

2018 年，招生考试相关政策的关键词主要有深化指导高考改革试点、治理择校热、订单培养与教育精准扶贫、硕士招生管理。

新一轮中高考改革，选科是改革焦点所在。目前，高考改革后的科目设置已基本稳定，为"3 门固定科目+3 门选考科目"，不分文理。这在一定程度上强化了高校的招生自主权，并将以此倒逼高校加强专业建设。为此，教育部于2018 年出台了《普通高校本科招生专业选考科目要求指引（试行）》，给出了

12个门类下的92个专业类的可选科目和选考要求，为高校专业选科给出了官方指南。

我国还积极深入推进义务教育免试就近入学全覆盖，均衡配置资源，进一步规范各级各类学校招生。在深度贫困地区实行教育脱贫攻坚与学生资助政策，精准施策成效显著。另外，全国硕士研究生招生管理工作也向着更科学、更公平的目标继续前行。

一、全面坚持"四个指导"方针

一是全面依照《国务院关于深化考试招生制度改革的实施意见》，指导上海、浙江完善落实高考综合改革试点方案。积极稳妥推进新高考改革，彰显考试的育人导向。

二是指导北京、天津、山东、海南等第二批试点省份制定出台高考综合改革试点方案。各地因地制宜，积极推进试点改革，在维持"客观考试选才"的政策框架下，突出促进教育公平和科学选育人才的重点方向。

三是指导有关省份加强基础条件建设，积极稳妥启动高考综合改革。各地在顶层政策设计的指导下，通过实施办学条件提升、高中大班额化解、推进教师保障、实施考试安全保障条件建设等四大工程，完善各地高考综合改革。

四是发布《普通高校本科招生专业选考科目要求指引（试行）》，指导高校在高考综合改革试点省份优化选考科目要求，配合新高考改革对人才培养和选拔的政策要求。

二、积极治理义务教育阶段"择校热"

为深入贯彻落实党的十九大和全国教育大会精神，进一步解决招生入学工作中的热点难点问题，努力让每个孩子都能享有公平而有质量的教育，2018年教育部办公厅出台了《关于做好2018

年普通中小学招生入学工作的通知》，整体谋划了普通中小学招生入学工作，全面治理义务教育阶段"择校热"，继续落实义务教育免试就近入学要求，确保入学秩序更加规范。加强普通高中招生考试管理，营造公平公正的招考环境。

三、以公平为导向，精准扶贫，支持民族地区少数民族人才与中西部农村订单培养

一是进一步做好中央民族大学附属中学跨区域招收少数民族学生工作。2018 年 4 月，教育部办公厅、国家民委办公厅、北京市人民政府办公厅出台了

《关于印发〈中央民族大学附属中学跨区域招收少数民族学生工作管理规定（试行）〉的通知》，支持民族地区少数民族人才培养，规范学校办学行为，促进学校健康发展，强调在中考招生和高考录取工作中应坚持公平竞争、公开透明的原则，切实保障各民族学生切身利益，以推进教育公平为导向，认真落实教育脱贫攻坚任务，重点招收培养西部地区特别是深度贫困地区少数民族学生，保障教育公平的实现。

二是进一步贯彻落实《国务院办公厅关于改革完善全科医生培养与使用激励机制的意见》（国办发〔2018〕3号）精神，继续实施农村订单定向医学生免费培养。2018 年 5 月，教育部办公厅出台了《关于做好 2018 年中央财政支持中西部农村订单定向免费本科医学生招生培养工作的通知》，以中央财政力量大力支持中西部农村订单定向免费本科医学生教育，全力实现教育的精准扶贫。

四、全国硕士研究生招生工作稳步推进

一是按需招生、全面衡量、择优录取，严格规范全国硕士研究生招生工作。2018 年 8 月，教育部印发了《2019 年全国硕士研究生招生工作管理规定》，进一步加强对全国硕士研究生招生工作

的管理，既要保证硕士研究生的入学质量和招生工作的顺利进行，又要保证研究生考试的公平、公正与公开。

二是积极推进"退役大学生士兵"专项硕士研究生招生工作。2018 年 8 月，教育部办公厅发布了《关于下达2019 年"退役大学生士兵"专项硕士研究生招生计划的通知》，进一步鼓励更多高素质高校学生参军入伍，支持国防和军队现代化建设。

2018 年教师队伍建设重大政策综述

李 楠

党的十九大的召开，不仅标志着我们进入了中国特色社会主义新时代，同时也开启了中国教育发展的新时代。2018 年，党和政府以《关于全面深化新时代教师队伍建设改革的意见》为引领，大力推进新时代教师队伍建设改革，出台了一系列相关落实文件和改革举措。

2018 年，加强教师队伍建设相关政策的关键词主要有四个：教师教育、师德建设、教师管理、乡村教师。

《关于全面深化新时代教师队伍建设改革的意见》（以下简称"中央4号文件"）是新中国成立以来第一次以"中共中央、国务院"名义印发的关于教师队伍建设的专项文件，是党中央立足新时代作出的重大部署，具有里程碑意义。该文件聚焦这一领域的重点热点难点问题以及广大教师最关心的现实问题，重点围绕加强师德师风建设、大力振兴教师教育、深化教师管理综合改革、提高教师地位待遇等内容展开。为了落实文件中的重大举措，国家又陆续出台了相关配套政策，具体体现在教师教育、师德建设、教师管理、乡村教师四个方面。相关政策要点和创新举措如下。

一、大力推进教师教育改革

为落实中央 4 号文件"大力振兴教师教育"的要求，2018 年 2 月，教育部等五部门联合发布《教师教育振兴行动计划（2018—2022 年）》，围绕未来五年教师教育质量的提升、体系的完善进行系统规划。着眼师德教育、培养规格层次、教师资源供给、教师教育模式、师范院校作用等方面，提出了 5 项重点任务和 10 项行动计划。政策的突破点和创新点主要体现在以下几个方面。

一是完善师范生公费教育制度。2018 年 7 月，《国务院办公厅关于转发教育部等部门教育部直属师范大学师范生公费教育实施办法的通知》明确将师范生"免费教育政策"调整为"公费教育政策"，国家公费师范生享受免缴学费、住宿费和补助生活费"两免一补"公费培养，以及毕业后安排就业并保证入编入岗等优惠政策，同时将履约服务期由 10 年调整为 6 年。

二是升级教师教育模式，实施卓越教师培养计划 2.0。2018 年 9 月，教育部发布《关于实施卓越教师培养计划 2.0 的意见》，围绕培养模式改革、提高实践教学质量、完善协同培养机制等方面提出 8 项重要举措，以期完善师范人才培养体系。

三是顺应新技术变革需要，启动人工智能助推教师队伍建设试点。2018 年 8 月，《教育部办公厅关于开展人工智能助推教师队伍建设行动试点工作的通知》决定在宁夏和北京外国语大学开展人工智能助推教师队伍建设行动试点工作，通过探索人工智能技术在教师管理、教师教育改革、教育教学改革中的应用，促进人工智能与教师队伍建设的有机融合。

二、明确教师行为准则与处理办法，加强师德师风建设

中央 4 号文件将"加强师德师风建

设"摆在重要位置，提出应健全师德建设长效机制。2018 年 11 月，教育部印发《新时代高校教师职业行为十项准则》《新时代中小学教师职业行为十项准则》《新时代幼儿园教师职业行为十项准则》，明确了新时代教师职业行为的基本准则。同时，通过进一步完善各级各类学校教师违反职业道德行为的处理办法，为规范教师履职履责行为，弘扬新时代教师道德风尚提供保障。

三、多措并举，完善教师管理

中央 4 号文件提出了完善教师管理的若干举措，如创新中小学教师编制管理、完善中小学教师准入和招聘制度、推进教师职称制度和人事制度改革等。2018 年 7 月，教育部、人力资源和社会保障部联合发布《关于做好 2018 年度中小学教师职称评审工作的通知》，专门设计中小学职称改革的重要内容。其要点如下：一是将中小学教师到乡村学校、薄弱学校任教一年以上经历作为申报高级教师职称的必要条件；二是严格控制学校行政领导参评正高级职称的比例，不得超过 30%；三是职称评审继续向深度贫困地区倾斜，对长期在农村和艰苦边远地区工作的中小学教师可适当降低要求，提高实际工作年限的考核权重。

四、实施"银龄讲学计划"，补齐乡村教师队伍短板

《乡村教师支持计划（2015—2020年）》实施以来，国家通过持续实施特岗计划、落实乡村教师生活补助政策等多种途径为补齐乡村教师短板提供条件。2018年7月，教育部和财政部共同启动银龄讲学计划，鼓励大批优秀的退休教师到农村义务教育学校任教。首批银龄讲学计划已在河北、江西、湖南、广西、四川、云南、甘肃、青海等8个省份实施，共招募了1800名优秀退休教师。*

---

* 打通新时代教师队伍建设改革"最先一公里"[EB/OL].（2019-02-18）[2019-03-01]. http://www.moe.gov.cn/jyb_xwfb/s5147/201902/t20190218_369830.html.

2018 年教育经费重大政策综述

彭妮娅

党的十八大以来，党中央、国务院始终把教育放在优先发展的战略位置予以重点投入。我国教育经费总量逐年攀升，其增长速度已超过同期 GDP 的增长速度，国家财政性教育经费支出占 GDP 比例达到并持续保持在 4% 以上。在"量"得到保障的前提下，"调结构、提效益"成了新的关注点。2018 年，国务院、教育部先后发布了关于调整优化结构、提高教育经费使用效益的文件，同时，关于民间资本在高校规范高效使用的管理办法也得以出台，对相关政策进行了修改完善。

2018 年，教育经费领域相关政策的关键词有提高使用效益、高校捐赠配比。

2018 年 8 月 17 日，《国务院办公厅关于进一步调整优化结构提高教育经费使用效益的意见》发布。11 月 23 日，《教育部办公厅等四部门关于推动落实〈国务院办公厅关于进一步调整优化结构提高教育经费使用效益的意见〉的通知》发布。2018 年 11 月 2 日，《中央高校捐赠配比专项资金管理办法》印发，对 2009 年起中央财政设立的中央高校捐赠配比专项资金的管理和使用办法进行完善。

一、调整优化结构，提高教育经费使用效益

全面加强教育经费投入使用管理工作，优化结构是主线，切实提高教育资源配置效率和使用效益是重点。

1. 调整政府财政支出结构，优先保障教育。一是要调整各级政府财政支出结构，优先落实教育投入；二是要推进教育领域中央与地方财政事权和支出责任划分改革，合理划分教育领域政府间财政事权和支出责任；三是要保证国家财政性教育经费支出占国内生产总值比

例一般不低于 4%，确保一般公共预算教育支出逐年只增不减。

2. 调整教育经费来源结构，完善教育经费投入机制。在继续保持财政教育经费投入强度的同时，不断扩大社会投入，逐步提高教育经费总投入中社会投入所占比重。一方面"稳"财政投入的机制，另一方面"扩"社会投入的机制。

3. 优化教育经费支出结构，区分轻重缓急。重点保障义务教育均衡发展，将教师队伍建设作为教育投入重点予以优先保障，着力向"三区三州"等深度贫困地区和建档立卡贫困学生倾斜。

4. 科学管理和使用教育经费，提升使用绩效。全面落实管理责任，健全"谁使用、谁负责"的教育经费使用管理责任体系，改进管理方式，建立全覆盖、全过程、全方位的教育经费监管体系，将绩效管理覆盖所有财政教育资金，建立健全体现教育行业特点的全过程绩效管理体系。

二、科学合理配置中央高校捐赠配比专项资金

中央高校捐赠配比专项资金，在拓宽中央高校资金来源渠道、健全多元化筹资机制方面有重要作用。社会捐赠是

民间资本进入高等教育的重要形式，为规范社会投入助推高校发展注入了活力。

2009年，《中央级普通高校捐赠收入财政配比资金管理暂行办法》发布，提出由中央财政设立配比资金，对中央级普通高校接受的捐赠收入实行奖励补助。在2009年的政策基础上，2018年出台的《中央高校捐赠配比专项资金管理办法》有了新的突破，主要如下。

一是在资金分配方式上，由"年度总量控制，高校分年申请，逐校核定"改为"总量控制，因素分配""正向激励，适当倾斜""统筹使用，注重绩效"，配比资金分配在体现"多受捐多配比"正向激励原则的同时，对困难地区、发展薄弱以及捐赠基础相对较弱的中央高校予以倾斜。

二是在配比额度上，在"只对高校申报的货币资金单笔捐赠额在 10 万元以上（含 10 万元）的项目实行配比"基础上，增加"对西部和东北地区中央高校，以及民族、师范等捐赠基础相对薄弱的中央高校申报的单笔 1 万元（含）以上的合格捐赠收入实行配比"。

三是在使用领域上，由"优先用于资助家庭经济困难学生、支持毕业生就业、开展教学科研活动等支出。不得用于偿还债务、发放教职工工资和津补贴、日常办公经费等"，改为"优先用于推进思想政治工作、建设高素质教师队伍、形成高水平人才培养体系和学生资助，不得用于偿还贷款、发放教职工工资和津补贴、支付罚款、捐赠、赞助、对外投资等支出"。

四是在绩效管理上，由"建立配比资金预算执行责任人制度，加快配比资金预算执行进度。对于执行进度缓慢的高校，相应核减下年度配比资金数额"，改为"对配比资金实施全过程绩效管理"。

附　录

2018 年重要教育政策文件目录

综合政策

1.《教育部　国务院扶贫办关于印发〈深度贫困地区教育脱贫攻坚实施方案（2018—2020 年）〉的通知》（教发〔2018〕1 号），2018 年 1 月 15 日

2.《教育部办公厅等六部门关于在学校推进生活垃圾分类管理工作的通知》（教发厅〔2018〕2 号），2018 年 1 月 16 日

3.《国务院关于全面加强基础科学研究的若干意见》（国发〔2018〕4 号），2018 年 1 月 19 日

4.《教育部办公厅关于印发〈教育部机关及直属事业单位教育数据管理办法〉的通知》（教发厅〔2018〕1号），2018年1月22日

5.《教育部关于印发〈教育系统扶贫领域作风问题专项治理实施方案〉的通知》（教发〔2018〕2号），2018年1月26日

6.《教育部关于印发〈教育部2018年工作要点〉的通知》（教政法〔2018〕1号），2018年1月31日

7.《中共中央办公厅　国务院办公厅印发〈关于分类推进人才评价机制改革的指导意见〉的通知》（中办发〔2018〕6号），2018年2月26日

8.《教育部关于加强大中小学国家

安全教育的实施意见》（教思政〔2018〕1号），2018年4月9日

9.《国务院办公厅关于全面加强乡村小规模学校和乡镇寄宿制学校建设的指导意见》（国办发〔2018〕27号），2018年4月25日

10.《教育部关于印发〈中小学图书馆（室）规程〉的通知》（教基〔2018〕5号），2018年5月28日

11.《中共教育部党组关于学习贯彻习近平总书记给陕西照金北梁红军小学学生重要回信精神的通知》（教党〔2018〕34号），2018年6月6日

12.《教育部办公厅关于利用管理信息系统做好〈义务教育学校管理标准〉实施推进工作的通知》（教基厅函

〔2018〕48 号），2018 年 6 月 14 日

13.《教育部　财政部关于印发〈银龄讲学计划实施方案〉的通知》（教师〔2018〕7 号），2018 年 7 月 4 日

14.《教育部关于同意宁夏建设"互联网+教育"示范省（区）的函》（教技函〔2018〕50 号），2018 年 7 月 19 日

15.《中共教育部党组关于认真学习贯彻全国教育大会精神的通知》（教党〔2018〕50 号），2018 年 9 月 14 日

16.《中共中央　国务院印发〈乡村振兴战略规划（2018—2022 年）〉》，2018 年 9 月 26 日

17.《教育部办公厅关于组织申报国家教材建设重点研究基地的通知》（教材厅函〔2018〕8 号），2018 年 9 月 26 日

18.《教育部等六部门关于做好家庭经济困难学生认定工作的指导意见》（教财〔2018〕16号），2018年10月30日

19.《教育部办公厅关于开展清理"唯论文、唯帽子、唯职称、唯学历、唯奖项"专项行动的通知》（教技厅函〔2018〕110号），2018年11月7日

20.《教育部关于完善教育标准化工作的指导意见》（教政法〔2018〕17号），2018年11月8日

21.《教育部办公厅　工业和信息化部办公厅关于开展学校联网攻坚行动的通知》（教技厅函〔2018〕142号），2018年12月17日

22.《中共教育部党组印发〈关于进一步激励教育部直属系统广大干部新

时代新担当新作为的实施意见〉的通知》（教党〔2018〕68号），2018年12月18日

23. 《中共教育部党组关于认真学习贯彻习近平总书记在庆祝改革开放40周年大会上重要讲话精神的通知》（教党〔2018〕73号），2018年12月28日

基础教育

1. 《教育部办公厅关于规范管理面向基础教育领域开展的竞赛挂牌命名表彰等活动的公告》（教基厅〔2018〕4号），2018年2月12日

2. 《教育部办公厅等四部门关于切实减轻中小学生课外负担开展校外培训机构专项治理行动的通知》（教基厅

〔2018〕3 号），2018 年 2 月 13 日

3.《教育部办公厅关于加快推进校外培训机构专项治理工作的通知》（教基厅函〔2018〕13 号），2018 年 3 月 20 日

4.《教育部关于发布〈中小学数字校园建设规范（试行）〉的通知》（教技〔2018〕5 号），2018 年 4 月 16 日

5.《教育部办公厅关于 2018 年中小学教学用书有关事项的通知》（教材厅函〔2018〕5 号），2018 年 4 月 25 日

6.《教育部办公厅关于做好 2018 年中小学幼儿园学生暑期有关工作的通知》（教基厅函〔2018〕56 号），2018 年 6 月 28 日

7.《教育部办公厅关于开展幼儿园"小学化"专项治理工作的通知》（教基

厅函〔2018〕57号），2018年7月4日

8.《教育部关于公布2018年中小学国防教育示范学校名单的通知》（教体艺函〔2018〕9号），2018年7月24日

9.《教育部关于做好普通高中新课程新教材实施工作的指导意见》（教基〔2018〕15号），2018年8月15日

10.《教育部办公厅　国家电影局关于印发〈第38批向全国中小学生推荐优秀影片片目〉的通知》（教基厅函〔2018〕67号），2018年8月30日

11.《教育部办公厅印发〈关于面向中小学生的全国性竞赛活动管理办法（试行）〉的通知》（教基厅〔2018〕9号），2018年9月13日

12.《教育部办公厅关于严禁商业广告、商业活动进入中小学校和幼儿园的紧急通知》（教基厅函〔2018〕77号），2018年10月10日

13.《教育部 共青团中央 全国少工委关于严肃规范红领巾等少先队标志标识使用的通知》（教基函〔2018〕8号），2018年10月17日

14.《教育部办公厅关于加强中小学合成材料面层运动场地建设管理的通知》（教体艺厅函〔2018〕72号），2018年10月17日

15.《关于进一步加强中小学（幼儿园）安全工作的紧急通知》（国教督办〔2018〕4号），2018年10月29日

16.《中共中央 国务院关于学前

教育深化改革规范发展的若干意见》，
2018 年 11 月 7 日

17.《教育部　中共中央宣传部关于加强中小学影视教育的指导意见》（教基〔2018〕24 号），2018 年 11 月 21 日

18.《关于加强中小学（幼儿园）冬季安全工作的通知》（国教督办函〔2018〕98 号），2018 年 11 月 23 日

19.《教育部办公厅关于进一步加强中小学（幼儿园）预防性侵害学生工作的通知》（教督厅函〔2018〕9 号），2018 年 12 月 12 日

20.《教育部办公厅关于严禁有害 APP 进入中小学校园的通知》（教基厅函〔2018〕102 号），2018 年 12 月 25 日

21. 《教育部等九部门关于印发中小学生减负措施的通知》（教基〔2018〕26号），2018年12月28日

职业教育与继续教育

1. 《教育部关于公布第二批〈职业学校专业顶岗实习标准〉的通知》（教职成函〔2018〕1号），2018年1月4日

2. 《教育部等六部门关于印发〈职业学校校企合作促进办法〉的通知》（教职成〔2018〕1号），2018年2月5日

3. 《教育部等37部门关于印发〈全国职业院校技能大赛章程〉的通知》（教职成函〔2018〕4号），2018年2月7日

4. 《教育部办公厅关于做好 2018 年度现代学徒制试点工作的通知》（教职成厅函〔2018〕10 号），2018 年 3 月 6 日

5. 《教育部办公厅关于做好职业教育专业教学资源库 2018 年度相关工作的通知》（教职成厅函〔2018〕14 号），2018 年 3 月 21 日

6. 《教育部办公厅关于开展高等学校继续教育发展年度报告工作的通知》（教职成厅函〔2018〕15 号），2018 年 3 月 21 日

7. 《教育部办公厅关于做好 2018 年中等职业学校招生工作的通知》（教职成厅〔2018〕2 号），2018 年 4 月 11 日

8. 《教育部等九部门关于做好 2018 年职业教育活动周相关工作的通知》（教职成函〔2018〕5 号），2018 年 4 月 11 日

9. 《教育部关于印发〈中等职业学校职业指导工作规定〉的通知》（教职成〔2018〕4 号），2018 年 4 月 20 日

10. 《教育部等四部门关于加快发展残疾人职业教育的若干意见》（教职成〔2018〕5 号），2018 年 4 月 23 日

11. 《教育部等五部门关于公布第三批国家级农村职业教育和成人教育示范县名单的通知》（教职成函〔2018〕7 号），2018 年 6 月 25 日

12. 《教育部关于印发〈中等职业学校焊接技术应用专业实训教学条件建

设标准〉等 11 项职业教育教学标准的通知》（教职成函〔2018〕8 号），2018年 7 月 17 日

13.《教育部关于公布 2018 年高等学历继续教育拟招生专业备案结果的通知》（教职成函〔2018〕9 号），2018 年7 月 21 日

14.《教育部办公厅关于公布第三批现代学徒制试点单位的通知》（教职成厅函〔2018〕41 号），2018 年 8 月1 日

15.《教育部关于印发〈全国职业院校技能大赛经费管理办法〉的通知》（教职成函〔2018〕10 号），2018 年 8月 8 日

16.《教育部办公厅关于举办 2018

年全国职业院校技能大赛职业院校教学能力比赛的通知》（教职成厅函〔2018〕45号），2018年8月28日

17.《教育部办公厅关于报送贯彻落实〈教育部等九部门关于进一步推进社区教育发展的意见〉进展情况的通知》（教职成厅函〔2018〕47号），2018年9月17日

18.《教育部办公厅关于开展职业教育校企深度合作项目建设工作的通知》（教职成厅函〔2018〕55号），2018年10月19日

高等教育

1.《教育部办公厅关于印发〈贯彻落实《高校思想政治工作质量提升工程

实施纲要》部内分工方案〉的通知》（教思政厅函〔2018〕2号），2018年1月9日

2.《教育部关于同意设立西湖大学的函》（教发函〔2018〕10号），2018年2月14日

3.《国务院学位委员会 教育部关于下达2017年学位授权点专项评估结果及处理意见的通知》（学位〔2018〕1号），2018年2月27日

4.《教育部关于举办第四届中国"互联网+"大学生创新创业大赛的通知》（教高函〔2018〕2号），2018年3月8日

5.《教育部办公厅关于推荐2018—2022年教育部高等学校教学指导委员会

委员的通知》（教高厅函〔2018〕13号），2018 年 3 月 8 日

6.《教育部办公厅关于举办"第十届全国高校辅导员年度人物"推选展示活动的通知》（教思政厅函〔2018〕5号），2018 年 3 月 14 日

7.《国务院学位委员会、教育部关于对工程专业学位类别进行调整的通知》（学位〔2018〕7号），2018 年 3 月 14 日

8.《教育部办公厅关于公布首批"新工科"研究与实践项目的通知》（教高厅函〔2018〕17号），2018 年 3 月 15 日

9.《教育部关于公布 2017 年度普通高等学校本科专业备案和审批结果的

通知》（教高函〔2018〕4号），2018年3月15日

10.《国务院学位委员会　教育部关于开展2018年学位授权点专项评估工作的通知》（学位〔2018〕8号），2018年3月19日

11.《教育部办公厅关于举办第七届全国高校辅导员素质能力大赛的通知》（教思政厅函〔2018〕7号），2018年3月26日

12.《教育部办公厅关于做好2018年深化创新创业教育改革示范高校建设工作的通知》（教高厅函〔2018〕20号），2018年3月27日

13.《教育部办公厅关于切实做好高校少数民族预科学生自主培养工作的

通知》（教民厅函〔2018〕6号），2018年3月29日

14.《教育部办公厅关于实施2018年"高校思想政治理论课教师队伍后备人才培养专项支持计划"的通知》（教社科厅函〔2018〕10号），2018年4月2日

15.《教育部关于印发〈高等学校人工智能创新行动计划〉的通知》（教技〔2018〕3号），2018年4月2日

16.《教育部关于加强新时代高校"形势与政策"课建设的若干意见》（教社科〔2018〕1号），2018年4月12日

17.《教育部关于印发〈新时代高校思想政治理论课教学工作基本要求〉的通知》（教社科〔2018〕2号），2018

年 4 月 12 日

18.《教育部办公厅关于贯彻执行〈普通高等学校建筑面积指标〉的通知》（教发厅函〔2018〕61 号），2018 年 4 月 17 日

19.《国务院学位委员会关于高等学校开展学位授权自主审核工作的意见》（学位〔2018〕17 号），2018 年 4 月 19 日

20.《教育部办公厅　国家卫生健康委员会办公厅关于开展国家临床教学培训示范中心建设工作的通知》（教高厅〔2018〕3 号），2018 年 4 月 25 日

21.《中共教育部党组关于教育系统深入学习贯彻习近平总书记在北京大学师生座谈会上重要讲话精神的通知》

（教党〔2018〕23号），2018年5月3日

22.《教育部关于印发〈高等学校科技成果转化和技术转移基地认定暂行办法〉的通知》（教技〔2018〕7号），2018年5月18日

23.《教育部办公厅关于开展"三全育人"综合改革试点工作的通知》（教思政厅函〔2018〕15号），2018年5月18日

24.《中共教育部党组关于高校党组织"对标争先"建设计划的实施意见》（教党〔2018〕25号），2018年5月22日

25.《中共教育部党组关于高校教师党支部书记"双带头人"培育工程的

实施意见》（教党〔2018〕26号），2018年5月22日

26.《教育部关于开展国家虚拟仿真实验教学项目建设工作的通知》（教高函〔2018〕5号），2018年5月30日

27.《教育部关于公布首批国家虚拟仿真实验教学项目认定结果的通知》（教高函〔2018〕6号），2018年5月31日

28.《教育部办公厅关于开展首批高校"双带头人"教师党支部书记工作室建设工作的通知》（教思政厅函〔2018〕19号），2018年6月13日

29.《教育部办公厅　财政部办公厅　国家发展改革委办公厅关于全面取消国内高等教育学历学位认证服务收费

的通知》（教财厅〔2018〕1号），2018年6月15日

30. 《教育部办公厅关于2018年高水平运动队建设项目调整有关事项的通知》（教体艺厅函〔2018〕42号），2018年7月2日

31. 《教育部办公厅关于开展新时代高校党建示范创建和质量创优工作的通知》（教思政厅函〔2018〕23号），2018年7月4日

32. 《中共教育部党组关于印发〈高等学校学生心理健康教育指导纲要〉的通知》（教党〔2018〕41号），2018年7月4日

33. 《教育部办公厅关于严厉查处高等学校学位论文买卖、代写行为的通

知》（教督厅函〔2018〕6号），2018年7月4日

34.《教育部办公厅关于公布2018年度全国创新创业典型经验高校名单的通知》（教学厅函〔2018〕35号），2018年7月6日

35.《教育部办公厅关于开展校园不良网贷风险警示教育及相关工作的通知》（教思政厅函〔2018〕24号），2018年7月18日

36.《教育部关于印发〈前沿科学中心建设方案（试行）〉的通知》（教技〔2018〕10号），2018年7月18日

37.《教育部办公厅关于开展2018年国家精品在线开放课程认定工作的通知》（教高厅函〔2018〕44号），2018

年 7 月 20 日

38.《教育部办公厅关于组织学生收看 2018 年征兵宣传片的通知》（教学厅函〔2018〕36 号），2018 年 7 月 20 日

39.《教育部办公厅关于国内高等教育学历学位认证工作有关事项的通知》（教学厅〔2018〕7 号），2018 年 7 月 23 日

40.《教育部办公厅关于切实做好 2018 年秋季学期普通高等学校家庭经济困难新生入学相关工作的通知》（教财厅函〔2018〕15 号），2018 年 7 月 25 日

41.《教育部办公厅关于开展 2018 年度国家虚拟仿真实验教学项目认定工

作的通知》（教高厅函〔2018〕45号），
2018年7月30日

42.《国务院办公厅关于转发教育部等部门教育部直属师范大学师范生公费教育实施办法的通知》（国办发〔2018〕75号），2018年7月30日

43.《教育部　财政部　国家发展改革委印发〈关于高等学校加快"双一流"建设的指导意见〉的通知》（教研〔2018〕5号），2018年8月8日

44.《教育部　财政部关于印发〈高等学校勤工助学管理办法（2018年修订）〉的通知》（教财〔2018〕12号），2018年8月20日

45.《教育部办公厅关于开展高校"百个研究生样板党支部"和"百名研

究生党员标兵"创建工作的通知》（教思政厅函〔2018〕28号），2018年8月20日

46.《教育部关于印发〈来华留学生高等教育质量规范（试行）〉的通知》（教外〔2018〕50号），2018年9月3日

47.《教育部关于印发〈高校思想政治工作专项资金管理暂行办法〉的通知》（教财〔2018〕13号），2018年9月4日

48.《教育部办公厅关于开展高等学校科技成果转化和技术转移基地认定申报工作的通知》（教技厅函〔2018〕88号），2018年9月10日

49.《教育部办公厅关于举办全国

教育系统 2019 届高校毕业生网上招聘活动的通知》（教学厅函〔2018〕38 号），2018 年 9 月 13 日

50.《教育部办公厅关于公布首批全国高校"双带头人"教师党支部书记工作室建设名单的通知》（教思政厅函〔2018〕33 号），2018 年 9 月 14 日

51.《教育部关于加快建设高水平本科教育全面提高人才培养能力的意见》（教高〔2018〕2 号），2018 年 9 月 17 日

52.《教育部　工业和信息化部中国工程院关于加快建设发展新工科实施卓越工程师教育培养计划 2.0 的意见》（教高〔2018〕3 号），2018 年 9 月 17 日

53.《教育部　国家卫生健康委员会　国家中医药管理局关于加强医教协同实施卓越医生教育培养计划 2.0 的意见》（教高〔2018〕4 号），2018 年 9 月 17 日

54.《教育部　农业农村部　国家林业和草原局关于加强农科教结合实施卓越农林人才教育培养计划 2.0 的意见》（教高〔2018〕5 号），2018 年 9 月 17 日

55.《教育部　中央政法委关于坚持德法兼修实施卓越法治人才教育培养计划 2.0 的意见》（教高〔2018〕6 号），2018 年 9 月 17 日

56.《教育部　中共中央宣传部关于提高高校新闻传播人才培养能力实施

卓越新闻传播人才教育培养计划 2.0 的意见》（教高〔2018〕7 号），2018 年 9 月 17 日

57.《教育部等六部门关于实施基础学科拔尖学生培养计划 2.0 的意见》（教高〔2018〕8 号），2018 年 9 月 17 日

58.《教育部办公厅关于开展落实科技成果转化政策专项督查工作的通知》（教技厅函〔2018〕90 号），2018 年 9 月 18 日

59.《中共教育部党组关于印发〈"长江学者奖励计划"管理办法〉的通知》（教党〔2018〕51 号），2018 年 9 月 21 日

60.《教育部关于纳光电子前沿科

学中心立项建设的通知》（教技函〔2018〕74 号），2018 年 9 月 27 日

61.《教育部关于疾病分子网络前沿科学中心立项建设的通知》（教技函〔2018〕75 号），2018 年 9 月 27 日

62.《教育部关于合成生物学前沿科学中心立项建设的通知》（教技函〔2018〕76 号），2018 年 9 月 27 日

63.《教育部关于脑与脑机融合前沿科学中心立项建设的通知》（教技函〔2018〕77 号），2018 年 9 月 27 日

64.《教育部办公厅关于做好 2018 年度教育信息化教学应用实践共同体项目推荐遴选工作的通知》（教技厅函〔2018〕99 号），2018 年 9 月 30 日

65.《教育部办公厅关于下达 2019

年少数民族高层次骨干人才研究生招生计划的通知》（教民厅〔2018〕2号），2018年9月30日

66.《教育部关于细胞干性与命运编辑前沿科学中心立项建设的通知》（教技函〔2018〕81号），2018年10月10日

67.《教育部关于量子信息前沿科学中心立项建设的通知》（教技函〔2018〕82号），2018年10月10日

68.《教育部办公厅关于组织开展协同创新中心评估工作的通知》（教技厅函〔2018〕103号），2018年10月11日

69.《教育部办公厅关于公布首批"三全育人"综合改革试点单位名单的

通知》（教思政厅函〔2018〕36号），
2018年10月17日

70.《教育部办公厅关于全面推进高校信息公开做好信息公开年度报告工作的通知》（教办厅函〔2018〕80号），2018年10月18日

71.《教育部办公厅关于开展第二批"三全育人"综合改革试点工作的通知》（教思政厅函〔2018〕37号），2018年10月19日

72.《教育部关于印发〈高校科技创新服务"一带一路"倡议行动计划〉的通知》（教技〔2018〕12号），2018年11月7日

73.《教育部办公厅关于印发〈2019年面向香港、澳门、台湾地区招

收研究生工作管理办法〉的通知》（教学厅〔2018〕12号），2018年11月23日

74.《教育部关于做好2019届全国普通高等学校毕业生就业创业工作的通知》（教学〔2018〕8号），2018年11月27日

75.《教育部办公厅关于印发〈教育部高等学校教学指导委员会章程〉的通知》（教高厅〔2018〕4号），2018年12月20日

76.《教育部办公厅关于做好2019届教育部直属师范大学公费师范毕业生就业工作的通知》（教师厅〔2018〕8号），2018年12月21日

77.《教育部办公厅关于做好2019

年普通高等学校部分特殊类型招生工作的通知》（教学厅〔2018〕13 号），2018 年 12 月 27 日

78.《教育部办公厅关于做好 2019 年高校自主招生工作的通知》（教学厅〔2018〕14 号），2018 年 12 月 29 日

79.《教育部关于印发〈高等学校乡村振兴科技创新行动计划（2018—2022 年）〉的通知》（教技〔2018〕15 号），2018 年 12 月 29 日

民办教育

1.《教育部办公厅关于广州市教育局查处违法违规校外培训机构情况的通报》（教基厅函〔2018〕30 号），2018 年 5 月 10 日

2. 《教育部办公厅关于召开校外培训机构专项治理暨基础教育工程项目推进会的通知》（教基厅函〔2018〕33号），2018年5月15日

3. 《教育部办公厅关于民办教育分类管理改革地方配套文件制定工作进展情况的通报》（教发厅函〔2018〕79号），2018年5月22日

4. 《教育部等十三部门关于印发〈民办教育工作部际联席会议2018年工作要点〉的通知》（教发函〔2018〕26号），2018年6月5日

5. 《国务院办公厅关于规范校外培训机构发展的意见》（国办发〔2018〕80号），2018年8月6日

6. 《教育部关于批准2018年上半

年中外合作办学项目的通知》（教外函
〔2018〕59号），2018年8月22日

7.《教育部办公厅关于切实做好校
外培训机构专项治理整改工作的通知》
（教基厅〔2018〕8号），2018年8月
31日

8.《教育部办公厅　国家市场监管
总局办公厅　应急管理部办公厅关于健
全校外培训机构专项治理整改若干工作
机制的通知》（教基厅〔2018〕10号），
2018年11月20日

体育卫生与艺术教育

1.《教育部关于公布2017年国防
教育特色学校名单的通知》（教体艺函
〔2018〕1号），2018年1月16日

2.《教育部关于公布第二批全国中小学中华优秀文化艺术传承学校名单的通知》（教体艺函〔2018〕2号），2018年1月16日

3.《教育部办公厅关于加强流感等呼吸道传染病防控工作的预警通知》（教体艺厅〔2018〕1号），2018年1月22日

4.《教育部　国家体育总局　北京冬奥组委关于印发〈北京2022年冬奥会和冬残奥会中小学生奥林匹克教育计划〉的通知》（教体艺〔2018〕1号），2018年1月30日

5.《教育部办公厅关于开展"师生健康中国健康"主题健康教育活动的通知》（教体艺厅函〔2018〕10号），

2018 年 2 月 6 日

6.《教育部办公厅关于征求〈学校卫生工作条例〉修订意见的通知》（教体艺厅函〔2018〕12 号），2018 年 2 月 26 日

7.《教育部办公厅关于加强全国青少年校园足球特色学校建设质量管理与考核的通知》（教体艺厅函〔2018〕18号），2018 年 3 月 12 日

8.《教育部办公厅关于开展全国学校体育教学、训练、竞赛及条件保障体系建设改革成果征集活动的通知》（教体艺厅函〔2018〕16 号），2018 年 3 月 19 日

9.《教育部办公厅关于做好全国青少年校园足球特色学校、试点县（区）

创建（2018—2025）和 2018 年"满天星"训练营遴选工作的通知》（教体艺厅函〔2018〕17 号），2018 年 3 月 20 日

10.《教育部办公厅关于举办 2018 年度学校体育艺术教育工作专题研讨班的通知（教体艺厅函〔2018〕22 号）》，2018 年 3 月 29 日

11.《教育部办公厅　文化和旅游部办公厅　财政部办公厅关于开展 2018 年高雅艺术进校园活动的通知》（教体艺厅〔2018〕2 号），2018 年 4 月 13 日

12.《教育部办公厅关于举办 2018 年度教育行政部门领导干部国防教育和学生军事训练工作专题研修班的通知》（教体艺厅函〔2018〕23 号），2018 年

4 月 13 日

13.《教育部办公厅关于组织 2018 年度军事课骨干教师研修的通知》（教体艺厅函〔2018〕27 号），2018 年 4 月 19 日

14.《教育部办公厅关于推荐新一届全国中小学体育教学指导委员会人选的通知》（教体艺厅函〔2018〕46 号），2018 年 7 月 10 日

15.《教育部办公厅关于组织申报全国青少年校园足球改革试验区的通知》（教体艺厅函〔2018〕52 号），2018 年 7 月 31 日

16.《教育部办公厅关于公布 2018 年全国青少年校园网球特色学校名单的通知》（教体艺厅函〔2018〕58 号），

2018 年 8 月 14 日

17.《教育部办公厅关于印发〈全国青少年校园足球改革试验区基本要求（试行）〉和〈全国青少年校园足球试点县（区）基本要求（试行）〉的通知》（教体艺厅〔2018〕3 号），2018 年 8 月 14 日

18.《教育部等八部门关于印发〈综合防控儿童青少年近视实施方案〉的通知》（教体艺〔2018〕3 号），2018 年 8 月 30 日

19.《教育部关于公布 2018 年全国青少年校园足球特色学校、试点县（区）和"满天星"训练营遴选结果名单的通知》（教体艺函〔2018〕11 号），2018 年 9 月 6 日

20. 《教育部办公厅关于做好 2018 年国防教育特色学校遴选工作的通知》（教体艺厅函〔2018〕64 号），2018 年 9 月 14 日

21. 《教育部办公厅关于组织开展 2018 年全国青少年校园足球教练员国家级专项培训的通知》（教体艺厅函〔2018〕67 号），2018 年 9 月 20 日

22. 《教育部办公厅关于做好 2018 年全国儿童青少年近视防控试点县（市、区）和改革试验区遴选工作的通知》（教体艺厅函〔2018〕77 号），2018 年 11 月 7 日

23. 《教育部办公厅关于做好 2018 年"世界艾滋病日"宣传活动的通知》（教体艺厅函〔2018〕74 号），2018 年

11 月 9 日

招生考试

1.《教育部办公厅关于做好 2018 年普通中小学招生入学工作的通知》（教基厅〔2018〕5 号），2018 年 2 月 12 日

2.《教育部办公厅　国家民委办公厅　北京市人民政府办公厅关于印发〈中央民族大学附属中学跨区域招收少数民族学生工作管理规定（试行）〉的通知》（教民厅〔2018〕1 号），2018 年 4 月 28 日

3.《教育部办公厅关于做好 2018 年中央财政支持中西部农村订单定向免费本科医学生招生培养工作的通知》

（教高厅函〔2018〕29号），2018年5月2日

4.《教育部关于印发〈2019年全国硕士研究生招生工作管理规定〉的通知》（教学〔2018〕5号），2018年8月10日

5.《教育部办公厅关于下达2019年"退役大学生士兵"专项硕士研究生招生计划的通知》（教学厅〔2018〕9号），2018年8月24日

教师队伍

1.《教育部关于全面落实研究生导师立德树人职责的意见》（教研〔2018〕1号），2018年1月17日

2.《教育部办公厅　财政部办公厅

关于做好 2018 年中小学幼儿园教师国家级培训计划组织实施工作的通知》（教师厅〔2018〕3 号），2018 年 1 月 22 日

3.《教育部等五部门关于印发〈教师教育振兴行动计划（2018—2022 年）〉的通知》（教师〔2018〕2 号），2018 年 2 月 11 日

4.《教育部办公厅关于开展新时代教师风采公益广告征集活动的通知》（教师厅函〔2018〕3 号），2018 年 3 月 6 日

5.《教育部办公厅关于 2017 年乡村教师生活补助实施情况的通报》（教师厅函〔2018〕4 号），2018 年 3 月 7 日

6.《教育部办公厅关于转发第三批

国家"万人计划"教学名师入选人员名单的通知》（教师厅函〔2018〕6号），2018年3月17日

7.《教育部办公厅关于做好2018年"三区"人才支持计划教师专项计划有关实施工作的通知》（教师厅〔2018〕4号），2018年5月8日

8.《教育部办公厅 财政部办公厅关于做好2018年农村义务教育阶段学校教师特设岗位计划实施工作的通知》（教师厅〔2018〕5号），2018年5月9日

9.《人力资源和社会保障部办公厅教育部办公厅关于做好2018年度中小学教师职称评审工作的通知》（人社厅发〔2018〕93号），2018年7月12日

10. 《教育部办公厅关于召开全面深化新时代教师队伍建设改革暨乡村教师和"三区三州"教师队伍建设工作会议的通知》（教师厅函〔2018〕13号），2018年7月19日

11. 《教育部关于做好庆祝2018年教师节有关工作的通知》（教师〔2018〕9号），2018年7月19日

12. 《教育部关于授予陈琳同志"全国优秀教师"荣誉称号的决定》（教师〔2018〕8号），2018年7月20日

13. 《教育部办公厅关于开展人工智能助推教师队伍建设行动试点工作的通知》（教师厅〔2018〕7号），2018年8月7日

14. 《教育部关于实施卓越教师培

养计划 2.0 的意见》（教师〔2018〕13号），2018 年 9 月 17 日

15. 《教育部关于印发〈新时代高校教师职业行为十项准则〉〈新时代中小学教师职业行为十项准则〉〈新时代幼儿园教师职业行为十项准则〉的通知》（教师〔2018〕16 号），2018 年 11月 8 日

16. 《教育部关于高校教师师德失范行为处理的指导意见》（教师〔2018〕17 号），2018 年 11 月 8 日

17. 《教育部关于印发〈中小学教师违反职业道德行为处理办法（2018 年修订）〉的通知》（教师〔2018〕18号），2018 年 11 月 8 日

18. 《教育部关于印发〈幼儿园教

师违反职业道德行为处理办法〉的通知》（教师〔2018〕19号），2018年11月8日

教育经费

1.《教育部关于进一步加强直属高校直属单位国库管理工作的意见》（教财〔2018〕3号），2018年3月28日

2.《教育部办公厅关于做好2018年教育事业统计工作的通知》（教发厅函〔2018〕130号），2018年8月16日

3.《国务院办公厅关于进一步调整优化结构提高教育经费使用效益的意见》（国办发〔2018〕82号），2018年8月17日

4.《教育部办公厅关于印发〈教育

课程教材改革与质量标准工作专项资金管理办法〉的通知》（教财厅〔2018〕4号），2018年10月15日

5.《关于印发〈中央高校捐赠配比专项资金管理办法〉的通知》（财科教〔2018〕129号），2018年11月2日

6.《教育部办公厅等四部门关于推动落实〈国务院办公厅关于进一步调整优化结构提高教育经费使用效益的意见〉的通知》（教财厅〔2018〕6号），2018年11月23日

其他

1.《国务院办公厅关于改革完善全科医生培养与使用激励机制的意见》（国办发〔2018〕3号），2018年1月

14 日

2.《教育部　国务院扶贫办　国家语委关于印发〈推普脱贫攻坚行动计划（2018—2020 年）〉的通知》（教语用〔2018〕1 号），2018 年 1 月 15 日

3.《教育部语言文字应用管理司教育部教育督导局关于举办 2018 年全国语言文字工作督导评估培训班的通知》（教语用司函〔2018〕3 号），2018 年 1 月 23 日

4.《教育部办公厅关于印发〈2018 年教育信息化和网络安全工作要点〉的通知》（教技厅〔2018〕1 号），2018 年 2 月 11 日

5.《国务院教育督导委员会办公室关于印发〈《对省级人民政府履行教育

职责的评价办法》实施细则〉的通知》（国教督办〔2018〕2号），2018年2月12日

6.《中共教育部党组关于在教育系统大兴调查研究之风的意见》（教党〔2018〕12号），2018年2月26日

7.《国务院教育督导委员会办公室关于开展对省级人民政府2017年度履行教育职责情况评价的通知》（国教督办函〔2018〕16号），2018年3月2日

8.《科技部　中央宣传部　中国科协关于举办2018年全国科技活动周的通知》（国科发政〔2018〕69号），2018年3月13日

9.《教育部办公厅关于2017年度信息领域教育部重点实验室评估结果的

通知》（教技厅函〔2018〕28号），2018年3月20日

10.《教育部办公厅关于部署中国语言资源保护工程2018年度汉语方言调查工作的通知》（教语信厅函〔2018〕1号），2018年3月21日

11.《教育部办公厅关于举办第三届全国基础教育信息化应用展示交流活动的通知》（教基厅函〔2018〕14号），2018年3月22日

12.《教育部办公厅关于举办教育部直属高校、直属单位加强和改进离退休干部工作专题培训班（第3期）的通知》（教离退厅函〔2018〕1号），2018年3月23日

13.《教育部办公厅关于2017年教

育部政府信息公开工作年度报告的公告》（教办厅〔2018〕1 号），2018 年 3 月 28 日

14. 《教育部办公厅关于公布第四届"礼敬中华优秀传统文化"系列活动示范项目和特色展示项目的通知》（教思政厅函〔2018〕8 号），2018 年 4 月 11 日

15. 《教育部办公厅关于印发〈中国英语能力等级量表〉的通知》（教语信厅〔2018〕1 号），2018 年 4 月 12 日

16. 《教育部关于印发〈教育信息化 2.0 行动计划〉的通知》（教技〔2018〕6 号），2018 年 4 月 13 日

17. 教育部关于发布《网络学习空间建设与应用指南》的通知（教技

〔2018〕4号），2018年4月16日

18.《国务院教育督导委员会办公室关于补充全国中小学校责任督学挂牌督导创新县（市、区）评估认定内容的函》（国教督办函〔2018〕27号），2018年4月19日

19.《教育部关于开展中华优秀传统文化传承基地建设的通知》（教体艺函〔2018〕5号），2018年5月10日

20.《中共教育部党组关于教育系统深入学习贯彻习近平总书记在纪念马克思诞辰200周年大会上重要讲话精神的通知》（教党〔2018〕24号），2018年5月10日

21.《教育部关于直属高校直属单位实施政府会计制度的意见》（教财

〔2018〕6号），2018年5月16日

22.《教育部办公厅关于举办2018年度军事课教学展示的通知》（教体艺厅函〔2018〕34号），2018年5月28日

23.《教育部办公厅关于组织2018年度军事课骨干教师巡回授课的通知》（教体艺厅函〔2018〕35号），2018年5月28日

24.《教育部办公厅关于印发〈教育部贯彻落实国务院办公厅2018年政务公开工作要点实施方案〉的通知》（教技厅函〔2018〕51号），2018年5月30日

25.《中共中央办公厅　国务院办公厅印发〈关于进一步加强科研诚信建

设的若干意见〉》，2018 年 5 月 30 日

26.《教育部办公厅关于加强政务信息系统整合共享解决群众办事堵点问题的通知》（教技厅函〔2018〕52 号），2018 年 6 月 4 日

27.《教育统计管理规定》（中华人民共和国教育部令第 44 号），2018 年 6 月 25 日

28.《国务院教育督导委员会办公室关于开展中小学生欺凌防治落实年行动工作进展情况的通报》（国教督办函〔2018〕45 号），2018 年 6 月 25 日

29.《教育部　中央军委国防动员部关于举办第五届全国学生军事训练营的通知》（教体艺函〔2018〕8 号），2018 年 6 月 28 日

30.《教育部　中国福利会　中国宋庆龄基金会关于颁发第十三届宋庆龄奖学金的决定》（教基〔2018〕8号），2018年7月4日

31.《教育部等九部门关于开展第21届全国推广普通话宣传周活动的通知》（教语用函〔2018〕3号），2018年7月4日

32.《国务院办公厅关于调整国务院教育督导委员会组成人员的通知》（国办发〔2018〕60号），2018年7月11日

33.《教育部关于2017年度公务员奖励的决定》（教人〔2018〕5号），2018年7月12日

34.《教育部办公厅关于进一步加

强防范非法集资有关工作的通知》（教财厅函〔2018〕18 号），2018 年 8 月 28 日

35.《中共教育部党组关于学习贯彻习近平总书记给中央美术学院老教授重要回信精神的通知》（教党〔2018〕48 号），2018 年 8 月 31 日

36.《关于加强学生营养改善计划食品安全工作的紧急通知》（国教督办〔2018〕1 号），2018 年 9 月 6 日

37.《教育部　国家语委关于印发〈中华经典诵读工程实施方案〉的通知》（教语用〔2018〕3 号），2018 年 9 月 25 日

38.《教育部办公厅关于开展 2018 年度网络学习空间应用普及活动的通

知》（教技厅函〔2018〕105 号），2018
年 10 月 15 日

39.《教育部　国家语委关于印发
〈国家语言文字工作委员会语言文字规
范标准管理办法（2018 年修订）〉的
通知》（教语信〔2018〕1 号），2018 年
10 月 24 日

40.《教育部办公厅关于切实做好
岁末年初学校安全生产工作的通知》
（教发厅函〔2018〕197 号），2018 年
11 月 21 日

41.《教育部关于印发〈全国教育
系统财务管理干部培训实施方案
（2018—2022 年）〉的通知》（教财
〔2018〕19 号），2018 年 12 月 28 日

后 记

本书的编写组织机构及人员如下。

主编：吴霓。

编写和联络人员（按姓氏笔画排序）：王帅、王少芳、王学男、朱富言、李东、李楠、吴霓、吴景松、张叶青、罗媛、郑庆贤、郑豪杰、黄颖、彭妮娅。

吴霓和彭妮娅进行了全书统稿。

本书编写组

2019 年 1 月

出版人 李 东
责任编辑 张叶青
版式设计 沈晓萌
责任校对 马明辉
责任印制 叶小峰

图书在版编目（CIP）数据

重大教育政策要点摘编及综述.2018／中国教育科学研究院编著. — 北京：教育科学出版社，2019.11
ISBN 978-7-5191-2103-7

Ⅰ.①重… Ⅱ.①中… Ⅲ.①教育政策—中国—2018 Ⅳ.①G520

中国版本图书馆 CIP 数据核字（2019）第 261460 号

重大教育政策要点摘编及综述 2018
ZHONGDA JIAOYU ZHENGCE YAODIAN ZHAIBIAN JI ZONGSHU 2018

出版发行	教育科学出版社			
社　　址	北京·朝阳区安慧北里安园甲 9 号	邮　　编	100101
总编室电话	010-64981290	编辑部电话	010-64989011
出版部电话	010-64989487	市场部电话	010-64989009
传　　真	010-64891796	网　　址	http://www.esph.com.cn
经　　销	各地新华书店		
制　　作	北京金奥都图文制作中心		
印　　刷	保定市中画美凯印刷有限公司	版　　次	2019 年 11 月第 1 版
开　　本	787 毫米×1092 毫米　1/32	印　　次	2019 年 11 月第 1 次印刷
印　　张	9.375	印　　数	1—1 000 册
字　　数	78 千	定　　价	25.00 元

图书出现印装质量问题，本社负责调换。